Verrechnungspreis-dokumentation und länderbezogene Berichterstattung, Aktionspunkt 13 – Abschlussbericht 2015

Dieses Dokument und die darin enthaltenen Karten berühren weder den völkerrechtlichen Status von Territorien noch die Souveränität über Territorien, den Verlauf internationaler Grenzen und Grenzlinien sowie den Namen von Territorien, Städten oder Gebieten.

Bitte zitieren Sie diese Publikation wie folgt:
OECD (2016), *Verrechnungspreisdokumentation und länderbezogene Berichterstattung, Aktionspunkt 13 – Abschlussbericht 2015*, OECD Publishing, Paris.
http://dx.doi.org/10.1787/9789264261013-de

ISBN 978-92-64-26083-2 (Print)
ISBN 978-92-64-26101-3 (PDF)

Originaltitel: *Transfer Pricing Documentation and Country-by-Country Reporting, Action 13 - 2015 Final Report*
Übersetzung durch den Deutschen Übersetzungsdienst der OECD.

Foto(s): Deckblatt © ninog – Fotolia.com

Korrigenda zu OECD-Veröffentlichungen sind verfügbar unter: *www.oecd.org/about/publishing/corrigenda.htm*.

Vorwort

Internationale Steuerfragen standen niemals so weit oben auf der politischen Agenda wie heute. Die Integration der nationalen Volkswirtschaften und Märkte hat sich in den vergangenen Jahren deutlich erhöht, wodurch die – vor über einem Jahrhundert konzipierten – internationalen Steuerregeln zunehmend unter Druck gerieten. Schwachstellen im gegenwärtigen Regelwerk lassen Möglichkeiten der Gewinnverkürzung und Gewinnverlagerung (*Base Erosion and Profit Shifting* – BEPS) entstehen, was mutige Schritte seitens der politischen Entscheidungsträger erforderlich macht, um das Vertrauen in das Steuersystem wiederherzustellen und zu gewährleisten, dass Gewinne dort besteuert werden, wo die wirtschaftlichen Aktivitäten stattfinden und die Wertschöpfung erfolgt.

Im Anschluss an die Veröffentlichung des Berichts *Addressing Base Erosion and Profit Shifting (Gewinnverkürzung und Gewinnverlagerung – Situationsbeschreibung und Lösungsansätze)* im Februar 2013 haben die OECD- und G20-Staaten im September 2013 einen 15-Punkte-Aktionsplan gegen Gewinnverkürzung und Gewinnverlagerung verabschiedet. In diesem Aktionsplan wurden 15 Maßnahmen entlang drei großer Achsen identifiziert: Gewährleistung der Kohärenz der innerstaatlichen Vorschriften, die sich auf grenzüberschreitende Tätigkeiten auswirken, Stärkung der Substanzanforderungen in den bestehenden internationalen Standards und Erhöhung der Transparenz sowie der Planungssicherheit.

Alle G20- und OECD-Länder haben seitdem gleichberechtigt am BEPS-Projekt gearbeitet, und auch die Europäische Kommission hat während des gesamten Verlaufs des Projekts ihre Ansichten eingebracht. Entwicklungsländer wurden über eine Reihe verschiedener Mechanismen, einschließlich der direkten Mitwirkung im Ausschuss für Steuerfragen, umfassend in diesen Prozess einbezogen. Darüber hinaus haben auch regionale Steuerorganisationen wie das African Tax Administration Forum, das Centre de Rencontre des Administrations Fiscales (CREDAF) und das Centro Interamericano de Administraciones Tributarias (CIAT) zusammen mit internationalen Organisationen wie dem Internationalen Währungsfonds, der Weltbank und den Vereinten Nationen einen Beitrag zu diesen Arbeiten geleistet. Betroffene Akteure wurden umfassend konsultiert: Insgesamt gingen zum BEPS-Projekt über 1 400 Stellungnahmen von Wirtschaftsvertretern, Beratern, Nichtregierungsorganisationen und Wissenschaftlern ein. Vierzehn öffentliche Konsultationen wurden abgehalten, die live online übertragen wurden, ergänzt durch Webcasts, in denen das OECD-Sekretariat die Öffentlichkeit regelmäßig auf dem Laufenden hielt und Fragen beantwortete.

Nach zwei Jahren Arbeit sind die 15 Aktionspunkte nun abgeschlossen. Die verschiedenen Arbeitsergebnisse – einschließlich derjenigen, die 2014 in vorläufiger Form vorgelegt wurden – wurden zu einem umfassenden Maßnahmenpaket zusammengefasst. Dieses BEPS-Maßnahmenpaket stellt die erste wesentliche Überarbeitung der internationalen Steuerregeln seit fast einem Jahrhundert dar. Wenn die neuen Maßnahmen in Kraft getreten sind, wird erwartet, dass Gewinne dort ausgewiesen werden, wo die wirtschaftlichen Tätigkeiten, mit denen sie erzielt werden, stattfinden und wo die Wertschöpfung erfolgt. Steuerplanungsstrategien zur Gewinnverkürzung und Gewinnverlagerung, die auf veralteten Regeln oder unzureichend koordinierten innerstaatlichen Maßnahmen basieren, werden ihre Wirkung verlieren.

Somit kommt es in diesem Stadium entscheidend auf die Umsetzung an. Das BEPS-Maßnahmenpaket ist so konzipiert, dass es über Änderungen von innerstaatlichen Rechtsvorschriften und Verfahren sowie von Abkommensbestimmungen umgesetzt wird, wobei die Verhandlungen über ein multilaterales Instrument bereits begonnen haben und 2016 abgeschlossen werden sollen. Die OECD- und G20-Staaten sind ferner übereingekommen, ihre Zusammenarbeit fortzusetzen, um eine konsistente und koordinierte Umsetzung der BEPS-Empfehlungen zu gewährleisten. Globalisierung erfordert globale Lösungen und einen globalen Dialog, der über die OECD- und G20-Länder hinausreicht. Um auf dieses Ziel hinzuarbeiten, werden die OECD- und G20-Staaten 2016 einen inklusiven Monitoring-Rahmen entwerfen, an dem alle interessierten Länder gleichberechtigt mitwirken können.

Ein besseres Verständnis der konkreten Umsetzung der BEPS-Empfehlungen könnte Missverständnisse und Streitigkeiten zwischen verschiedenen Staaten verringern. Eine stärkere Fokussierung auf Umsetzung und Steuerverwaltung dürfte daher für die Staaten ebenso wie die Unternehmen von Vorteil sein. Die vorgeschlagenen Verbesserungen der Daten und Analysen werden die laufende Evaluierung des quantitativen Effekts von Gewinnverkürzungen und Gewinnverlagerungen sowie der Auswirkungen der im Rahmen des BEPS-Projekts entwickelten Gegenmaßnahmen unterstützen.

Inhaltsverzeichnis

Abkürzungsverzeichnis

APA	Vorabverständigung über die Verrechnungspreisgestaltung (Advance Pricing Agreement)
BEPS	Gewinnverkürzung und Gewinnverlagerung (Base Erosion and Profit Shifting)
CAA	Vereinbarungen zwischen den zuständigen Behörden (Competent Authority Agreements)
CbC MCAA	Mehrseitige Vereinbarung zwischen den zuständigen Behörden über den Austausch länderbezogener Berichte
DTC	Doppelbesteuerungsabkommen (Double tax convention)
FuE	Forschung und Entwicklung
KMU	Kleine und mittlere Unternehmen
OECD	Organisation für wirtschaftliche Zusammenarbeit und Entwicklung
TIEA	Steuerinformationsabkommen (Tax information exchange agreement)
XML	Extensible Markup Language

Zusammenfassung

Der vorliegende Bericht enthält überarbeitete Standards für die Verrechnungspreisdokumentation sowie ein Muster für die länderbezogene Berichterstattung über Einkünfte, entrichtete Steuern sowie bestimmte Messgrößen wirtschaftlicher Aktivität.

Punkt 13 des *Aktionsplans zur Bekämpfung der Gewinnverkürzung und Gewinnverlagerung* (BEPS-Aktionsplan, OECD, 2014a) fordert die *„Erarbeitung von Regeln zur Verrechnungspreisdokumentation mit dem Ziel einer Verbesserung der Transparenz für Steuerverwaltungen unter Berücksichtigung der Befolgungskosten für Unternehmen. Die zu entwickelnden Regeln werden eine Auflage enthalten, wonach multinationale Unternehmen allen betroffenen Staaten die erforderlichen Informationen über die weltweite Aufteilung ihrer Einkünfte, ihrer wirtschaftlichen Tätigkeit und ihrer entrichteten Steuern auf die verschiedenen Staaten nach einem gemeinsamen Muster zur Verfügung stellen"*.

Dieser Aufforderung wurde nachgekommen, indem ein dreistufiger Ansatz für die Verrechnungspreisdokumentation entwickelt wurde.

Die Leitlinien zur Verrechnungspreisdokumentation verlangen von multinationalen Konzernen erstens, dass sie den Steuerverwaltungen übergeordnete Informationen über ihre weltweite Geschäftstätigkeit und Verrechnungspreispolitik liefern, die in einer Stammdokumentation („Master File") zusammenzufassen sind, die allen zuständigen Steuerverwaltungen zur Verfügung stehen muss.

Zweitens verlangen sie, dass eine detaillierte, geschäftsvorfallbezogene Verrechnungspreisdokumentation geliefert wird, und zwar in einer für jeden Staat zu erstellenden Einzeldokumentation („Local File"), die über alle wesentlichen Geschäftsvorfälle mit verbundenen Dritten, die Beträge, um die es bei diesen Geschäftsvorfällen geht, sowie die Analyse des Unternehmens zu den Verrechnungspreisbestimmungen, die in Bezug auf diese Geschäftsvorfälle vorgenommen wurden, informiert.

Drittens müssen große multinationale Konzerne einen länderbezogenen Bericht („Country-by-Country Report") vorlegen, der jährlich und für alle Steuerhoheitsgebiete, in denen sie einer Geschäftstätigkeit nachgehen, über die Höhe ihres Umsatzerlöses, ihres Vorsteuergewinns sowie ihrer bereits entrichteten und noch zu entrichtenden Ertragsteuern Auskunft gibt. Außerdem müssen sie für diesen Bericht Angaben zu ihrer Beschäftigtenzahl, zu ihrem ausgewiesenen Kapital, ihren einbehaltenen Gewinnen und ihren materiellen Vermögenswerten in den einzelnen Steuerhoheitsgebieten machen. Des Weiteren müssen sie alle Konzernunternehmen bzw. -einheiten identifizieren, die in einem bestimmten Steuergebiet tätig sind, und Informationen zu der von den einzelnen Konzernunternehmen ausgeübten Geschäftstätigkeit liefern.

Diese drei Dokumente zusammen (Stammdokumentation, Einzeldokumentation und länderbezogener Bericht) werden von den Steuerpflichtigen verlangen, konsistente Verrechnungspreisannahmen zu formulieren, den Steuerverwaltungen nützliche Informationen an die Hand geben, um Risiken im Zusammenhang mit der Verrechnungspreisbestimmung abzuschätzen und zu entscheiden, wo Prüfungsressourcen am wirkungsvollsten eingesetzt werden können, und, falls Prüfungen nötig sind, Informationen für die Einleitung und gezielte Ausrichtung dieser Prüfungen liefern. Durch diese Informationen sollte es für die Steuerverwaltungen leichter werden, festzustellen, ob Unternehmen Verrechnungspreis- und sonstige Praktiken angewendet haben, die zu einer künstlichen Verlagerung erheblicher Gewinnbeträge in Gebiete mit günstigerer Besteuerung führen. Die am BEPS-Projekt teilnehmenden Staaten sind sich einig, dass die neuen Vorschriften für die Berichterstattung und die Transparenz, die sie fördern, zur Verwirklichung des Ziels beitragen, Praktiken der Gewinnverkürzung und Gewinnverlagerung zu erkennen, zu kontrollieren und zu bekämpfen.

Im konkreten Inhalt der verschiedenen Dokumente drückt sich das Bestreben aus, das richtige Gleichgewicht zu finden zwischen dem Informationsbedarf der Steuerverwaltungen, der Verhinderung einer unangemessenen Nutzung der Informationen sowie den Befolgungskosten und -lasten, die den Unternehmen entstehen. Einige Staaten würden es vorziehen, die Gewichte hier anders zu verteilen und für den länderbezogenen Bericht (zusätzlich zu den in der Stammdokumentation und der Einzeldokumentation enthaltenen Angaben zu Geschäftsvorfällen von Unternehmen, die auf ihrem Staatsgebiet tätig sind) weitere geschäftsvorfallbezogene Angaben zu Zinsen, Lizenzgebühren und vor allem Dienstleistungsvergütungen zu verlangen, die von verbundenen Dritten gezahlt wurden. Bei den Ländern, die sich hierfür aussprechen, handelt es sich in erster Linie um aufstrebende Volkswirtschaften (Argentinien, Brasilien, Volksrepublik China, Kolumbien, Indien, Mexiko, Südafrika und die Türkei), die der Ansicht sind, dass sie solche Informationen zur Durchführung von Risikoabschätzungen benötigen, und die es schwierig finden, sich Informationen über die globale Geschäftstätigkeit von multinationalen Konzernen zu beschaffen, deren Hauptsitz sich in anderen Ländern befindet. Andere Staaten befürworten hingegen die Art und Weise, wie das angestrebte Gleichgewicht in diesem Text hergestellt wurde. Unter Berücksichtigung dieser verschiedenen Ansichten wurde beschlossen, dass die am BEPS-Projekt teilnehmenden Staaten die Umsetzung der neuen Standards genau überprüfen und spätestens Ende 2020 evaluieren werden, ob am Inhalt der Berichte Änderungen vorgenommen werden sollten, um die Aufnahme zusätzlicher oder anderer Daten vorzuschreiben.

Eine konsistente und wirksame Umsetzung der Standards für die Verrechnungspreisdokumentation und insbesondere der länderbezogenen Berichterstattung ist äußerst wichtig. Daher haben die am BEPS-Projekt von OECD und G20 beteiligten Staaten die zentralen Elemente der Umsetzung der Verrechnungspreisdokumentation und der länderbezogenen Berichterstattung gemeinsam ausgearbeitet. Dabei wurde vereinbart, dass die Stammdokumentation und die Einzeldokumentation direkt bei den lokalen Steuerverwaltungen eingereicht werden müssen. Die länderbezogenen Berichte sollten im Staat der steuerlichen Ansässigkeit der obersten Muttergesellschaft eingereicht werden und zwischen den Staaten über den automatischen Informationsaustausch im Rahmen von zwischenstaatlichen Mechanismen wie dem Übereinkommen über die gegenseitige Amtshilfe in Steuersachen, Doppelbesteuerungsabkommen oder Abkommen über den Informationsaustausch in Steuersachen (TIEA) weitergeleitet werden. In seltenen Fällen können unter bestimmten Umständen zur Ergänzung Zweitmechanismen wie z.B. die Einreichung der Dokumentation in den verschiedenen betroffenen Staaten („local filing") eingesetzt werden.

Diese neuen Auflagen für die länderbezogene Berichterstattung sollen für Wirtschaftsjahre mit Beginn am oder nach dem 1. Januar 2016 umgesetzt werden und vorbehaltlich der Überprüfung im Jahr 2020 für multinationale Konzerne mit einem konsolidierten Umsatzerlös von mindestens 750 Mio. Euro gelten. Dabei ist zu berücksichtigen, dass einige Staaten möglicherweise eine gewisse Zeit brauchen werden, um die notwendigen Gesetzesänderungen im Rahmen ihrer innerstaatlichen Gesetzgebungsverfahren vorzunehmen.

Um die Umsetzung der neuen Berichtsstandards zu erleichtern, wurde ein Umsetzungspaket ausgearbeitet, das sich zusammensetzt aus einer Mustervorschrift, die die Staaten verwenden können, um multinationale Konzerne zur Vorlage des länderbezogenen Berichts zu verpflichten, sowie Vereinbarungen zwischen den zuständigen Behörden, die die Durchführung des Austauschs dieser Berichte zwischen den Steuerverwaltungen vereinfachen sollen. Im nächsten Schritt soll ein XML-Schema mit einem dazugehörigen Benutzerhandbuch für den elektronischen Austausch länderbezogener Berichte erstellt werden.

Es wird anerkannt, dass auf Grund der verbesserten Möglichkeiten der Risikoabschätzung, die durch die Einführung und Umsetzung einer Pflicht zur länderbezogenen Berichterstattung entstehen, wirkungsvollere Mechanismen zur Streitbeilegung notwendig werden könnten. Dieser Notwendigkeit wurde bei der Gestaltung der zwischenstaatlichen Mechanismen Rechnung getragen, die den automatischen Austausch von länderbezogenen Berichten vereinfachen sollen.

Die Staaten bemühen sich, nach Bedarf zeitnah innerstaatliche Rechtsvorschriften zu verabschieden. Außerdem sind sie dazu angehalten, ihre internationalen Übereinkünfte über den Informationsaustausch weiter auszudehnen. Es werden Mechanismen entwickelt werden, um die Anstrengungen der Staaten zur Erfüllung ihrer Zusagen sowie die Wirksamkeit der Mechanismen für die Einreichung und Weiterleitung der Berichte zu überwachen. Die Ergebnisse dieses Monitorings werden bei der für 2020 geplanten Überprüfung berücksichtigt werden.

Kapitel V der Verrechnungspreisleitlinien: Dokumentation

Der Text von Kapitel V der Verrechnungspreisleitlinien wird vollständig gestrichen und durch den folgenden Text mit den dazugehörigen Anhängen ersetzt.

A. Einleitung

1. Dieses Kapitel enthält Leitlinien, die von den Steuerverwaltungen bei der Ausarbeitung von Regeln und/oder Verfahren für die Dokumentation zu beachten sind, die sie von den Steuerpflichtigen im Zusammenhang mit einer Verrechnungspreisprüfung oder Abschätzung der Risiken der Verrechnungspreisbestimmung erhalten müssen. Zudem enthält es Hinweise, die den Steuerpflichtigen helfen sollen, jene Unterlagen zu identifizieren, die am hilfreichsten sind, um die Übereinstimmung ihrer Geschäftsvorfälle mit dem Fremdvergleichsgrundsatz nachzuweisen und so zur Klärung von Verrechnungspreisfragen und zur Vereinfachung von Betriebsprüfungen beizutragen.

2. Als das Kapitel V dieser Leitlinien 1995 verabschiedet wurde, hatten die Steuerverwaltungen ebenso wie die Steuerpflichtigen weniger Erfahrung mit der Verwendung bzw. Erstellung von Verrechnungspreisdokumentationen als heute. Der frühere Wortlaut von Kapitel V der Leitlinien betonte die Notwendigkeit der Angemessenheit des Dokumentationsprozesses, sowohl aus Sicht der Steuerpflichtigen als auch der Steuerverwaltungen, sowie den Wunsch, zu einem größeren Maß an Kooperation zwischen Steuerverwaltungen und Steuerpflichtigen in Dokumentationsfragen zu gelangen, um einen überhöhten Befolgungsaufwand in diesem Bereich zu vermeiden und zugleich zu gewährleisten, das ausreichende Informationen für eine verlässliche Anwendung des Fremdvergleichsgrundsatzes zur Verfügung stehen. Der frühere Wortlaut von Kapitel V enthielt weder eine Liste von Unterlagen, die in der Verrechnungspreisdokumentation enthalten sein sollten, noch klare Leitlinien in Bezug auf den Zusammenhang zwischen dem Prozess der Verrechnungspreisdokumentierung, der Verhängung von Strafen und der Beweislast.

3. Seitdem haben zahlreiche Staaten Regeln für die Verrechnungspreisdokumentation eingeführt, und die Zunahme dieser Auflagen führte in Kombination mit dem drastischen Anstieg des Umfangs und der Komplexität der internationalen konzerninternen Geschäftsvorfälle sowie der verstärkten Prüfung von Verrechnungspreisfragen durch die Steuerverwaltungen zu einer deutlichen Erhöhung der Befolgungskosten für die Steuerpflichtigen. Dennoch haben die Steuerverwaltungen häufig den Eindruck, dass die Verrechnungspreisdokumentation nicht alle erforderlichen Informationen liefert und für ihren Steuerfestsetzungs- und Risikoabschätzungsbedarf nicht ausreichend ist.

4. In der nachstehenden Erörterung werden drei Ziele identifiziert, die mit Regeln für die Verrechnungspreisdokumentation verfolgt werden. Zudem enthält sie Leitlinien für die Ausarbeitung solcher Regeln, damit die Befolgung der Verrechnungspreisvorschriften einfacher und in den verschiedenen Staaten einheitlicher wird und die Steuerverwaltungen zugleich präzisere und nützlichere Informationen für Risikoabschätzungen und Prüfungen in Verrechnungspreisfragen erhalten. Eine wichtige übergeordnete Erwägung bei der Ausarbeitung solcher Regeln ist es, das richtige Gleichgewicht zu finden zwischen dem Nutzen, den die Informationen für die Steuerverwaltungen bei der Bewertung der Verrechnungsrisiken sowie bei sonstigen Aufgaben darstellen, und dem erhöhten Befolgungsaufwand, der den Steuerpflichtigen dadurch entsteht. Diesbezüglich sei darauf hingewiesen, dass klare und allgemein geltende Dokumentationsregeln die Befolgungskosten reduzieren können, zu denen es sonst in einem Verrechnungspreiskonflikt kommen kann.

B. Ziele der Anforderungen in Bezug auf die Verrechnungspreisdokumentation

5. Die drei Ziele der Verrechnungspreisdokumentation bestehen darin:

1. sicherzustellen, dass die Steuerpflichtigen den Verrechnungspreisanforderungen bei der Festlegung der Preise und sonstigen Bedingungen von Geschäftsvorfällen zwischen verbundenen Unternehmen sowie bei der Angabe der Einkünfte aus diesen Geschäftsvorfällen in ihrer Steuererklärung gebührende Beachtung schenken;
2. den Steuerverwaltungen die notwendigen Informationen zur Verfügung zu stellen, um eine sachkundige Abschätzung der Verrechnungspreisrisiken durchführen zu können;
3. den Steuerverwaltungen nützliche Informationen zur Verfügung zu stellen, die sie zur Durchführung einer angemessenen und sorgfältigen Prüfung der Verrechnungspreispraxis von in ihrem Staat steuerpflichtigen Unternehmen verwenden können, auch wenn die Dokumentation im Verlauf der Prüfung möglicherweise durch zusätzliche Informationen ergänzt werden muss.

6. Jedes dieser Ziele sollte bei der Gestaltung geeigneter innerstaatlicher Anforderungen für die Verrechnungspreisdokumentation beachtet werden. Es ist wichtig, von den Steuerpflichtigen zu verlangen, dass sie bei bzw. vor der Erstellung ihrer Steuererklärung selbst sorgfältig evaluieren, inwieweit sie die geltenden Verrechnungspreisregeln eingehalten haben. Wichtig ist auch, dass die Steuerverwaltungen in der Lage sind, auf die Informationen zuzugreifen, die sie benötigen, um eine Bewertung der Verrechnungspreisrisiken durchzuführen und so eine sachlich fundierte Entscheidung darüber zu treffen, ob eine Prüfung durchgeführt werden sollte. Darüber hinaus ist es wichtig, dass die Steuerverwaltungen in der Lage sind, zeitnah auf alle für eine umfassende Prüfung zusätzlich notwendigen Informationen zuzugreifen bzw. diese anzufordern, wenn die Entscheidung getroffen wurde, eine solche Prüfung durchzuführen.

B.1. Beurteilung der Einhaltung des Fremdvergleichsgrundsatzes durch den Steuerpflichtigen selbst

7. Indem sie die Steuerpflichtigen verpflichtet, überzeugende, konsistente und stichhaltige Verrechnungspreisannahmen zu formulieren, kann die Verrechnungspreisdokumentation helfen sicherzustellen, dass eine Kultur der Steuerehrlichkeit entsteht. Eine sorgfältig ausgearbeitete Verrechnungspreisdokumentation wird den Steuerverwaltungen eine gewisse Sicherheit geben, dass der Steuerpflichtige die Positionen, die er in seiner Steuererklärung

wiedergibt, analysiert hat, dass er die verfügbaren Vergleichswerte untersucht hat und dass er zu konsistenten Verrechnungspreisannahmen gelangt ist. Darüber hinaus tragen die Anforderungen zur Erstellung einer zeitnahen Dokumentation zur Sicherung der Integrität der Annahmen der Steuerpflichtigen bei und hindern diese daran, nachträgliche Begründungen ihrer Annahmen auszuarbeiten.

8. Dieses Ziel der Steuerehrlichkeit kann durch zwei wichtige Vorgehensweisen gefördert werden. Erstens können die Steuerverwaltungen verlangen, dass die Anforderungen in Bezug auf die Verrechnungspreisdokumentation zeitnah erfüllt werden. Dies bedeutet, dass die Dokumentation zum Zeitpunkt des Geschäftsvorfalls bzw. auf jeden Fall spätestens zum Zeitpunkt der Erstellung und Einreichung der Steuererklärung für das Wirtschaftsjahr, in dem der Geschäftsvorfall stattfand, erstellt werden muss. Die zweite Möglichkeit zur Förderung der Steuerehrlichkeit ist die Einführung von verrechnungspreisbezogenen Strafregelungen, die so beschaffen sind, dass sie eine rechtzeitige und korrekte Erstellung der Verrechnungspreisdokumentation belohnen und Anreize für eine rechtzeitige und sorgfältige Betrachtung der Verrechnungspreisannahmen des Steuerpflichtigen schaffen. Die Vorlagepflichten und Strafbestimmungen in Bezug auf die Verrechnungspreisdokumentation werden weiter unten in Abschnitt D eingehender erörtert.

9. Zwar werden die Steuerpflichtigen die Verrechnungspreisdokumentation idealerweise als Gelegenheit nutzen, eine gut durchdachte Grundlage für ihre Verrechnungspreispolitik zu formulieren, womit sie einen wichtigen Zweck solcher Auflagen erfüllen, allerdings können Faktoren wie Kosten, Zeitmangel und eine Vielzahl verschiedener Fragen, die ebenfalls die Aufmerksamkeit der zuständigen Mitarbeiter erfordern, diesen Zielen mitunter zuwiderlaufen. Daher ist es wichtig, dass die Staaten darauf achten, dass die Dokumentationsauflagen vertretbar und auf wesentliche Geschäftsvorfälle ausgerichtet bleiben, damit gewährleistet ist, dass die wichtigsten Fragen volle Aufmerksamkeit erhalten.

B.2. Bewertung der Verrechnungspreisrisiken

10. Eine effektive Identifizierung und Abschätzung der Risiken ist ein wesentlicher erster Schritt im Prozess der Auswahl der richtigen Fälle für Verrechnungspreisprüfungen oder -untersuchungen sowie im Hinblick auf die Ausrichtung solcher Prüfungen auf die wichtigsten Fragen. Da den Steuerverwaltungen nur begrenzte Mittel zur Verfügung stehen, ist es wichtig, dass sie gleich zu Beginn einer möglicherweise einzuleitenden Prüfung richtig einschätzen, ob die Verrechnungspreisvereinbarungen eines Steuerpflichtigen eine eingehende Prüfung sowie die Aufwendung erheblicher Ressourcen beim Steuervollzug rechtfertigen. Gerade in Bezug auf Verrechnungspreisfragen (die im Allgemeinen komplex und faktenintensiv sind) ist eine effektive Risikobewertung eine entscheidende Vorbedingung für eine gezielte und ressourceneffiziente Prüfung. Das *OECD Handbook on Transfer Pricing Risk Assessment* kann bei der Durchführung einer solchen Risikoabschätzung hilfreich sein.

11. Für eine richtige Bewertung der Verrechnungspreisrisiken müssen die Steuerverwaltungen frühzeitig Zugang zu ausreichenden, sachdienlichen und verlässlichen Informationen haben. Zwar gibt es viele Quellen für sachdienliche Informationen, besonders wichtig als Quelle solcher Informationen ist jedoch die Verrechnungspreisdokumentation.

12. Es gibt eine Vielzahl von Instrumenten und Informationsquellen, die zur Identifizierung und Abschätzung der Verrechnungspreisrisiken von Steuerpflichtigen und Geschäftsvorfällen herangezogen werden, darunter Verrechnungspreisformblätter (die zusammen mit der jährlichen Steuererklärung ausgefüllt werden müssen), verpflichtend auszufüllende Fragebogen zu den Verrechnungspreisen, die auf bestimmte Risikobereiche abstellen,

allgemeine Vorschriften für die Verrechnungspreisdokumentation, in denen die notwendigen Unterlagen für den Nachweis der Einhaltung des Fremdvergleichsgrundsatzes durch den Steuerpflichtigen genannt sind, sowie kooperative Gespräche zwischen Steuerverwaltungen und Steuerpflichtigen. Alle diese Instrumente und Informationsquellen antworten auf dieselbe grundlegende Feststellung: Für die Steuerverwaltungen ist es notwendig, frühzeitig und problemlos auf sachdienliche Informationen zugreifen zu können, um eine sachgerechte und fundierte Bewertung der Verrechnungspreisrisiken vornehmen zu können. Die Gewährleistung, dass eine Verrechnungspreisrisikobewertung, die hohen qualitativen Anforderungen genügt, effizient und anhand der richtigen Arten verlässlicher Informationen durchgeführt werden kann, sollte ein wichtiger Gesichtspunkt bei der Gestaltung von Regeln für die Verrechnungspreisdokumentation sein.

B.3. *Verrechnungspreisprüfung*

13. Ein drittes Ziel der Verrechnungspreisdokumentation ist es, den Steuerverwaltungen nützliche Informationen an die Hand zu geben, die sie zur Durchführung einer gründlichen Verrechnungspreisprüfung einsetzen können. Verrechnungspreisprüfungen sind in der Regel faktenintensiv. Sie beinhalten häufig schwierige Beurteilungen der Vergleichbarkeit verschiedener Geschäftsvorfälle und Märkte. Sie können eine genaue Betrachtung finanzieller, sachverhaltsbezogener oder sonstiger branchenspezifischer Informationen erfordern. Die Verfügbarkeit ausreichender Informationen aus einer Vielzahl von Quellen während der Prüfung ist von entscheidender Bedeutung, um einer Steuerverwaltung die Durchführung einer ordnungsgemäßen Prüfung der konzerninternen Geschäftsvorfälle des Steuerpflichtigen mit verbundenen Unternehmen sowie die Durchsetzung der geltenden Verrechnungspreisregeln zu erleichtern.

14. In Situationen, in denen eine angemessene Bewertung der Verrechnungspreisrisiken darauf hindeutet, dass in Bezug auf eine oder mehrere Fragen eine sorgfältige Verrechnungspreisprüfung angebracht ist, muss es der Steuerverwaltung eindeutig möglich sein, sich innerhalb einer vertretbaren Frist alle sachdienlichen Unterlagen und Informationen zu beschaffen, die sich im Besitz des Steuerpflichtigen befinden. Dazu gehören Informationen in Bezug auf die Tätigkeiten und Funktionen des Steuerpflichtigen, sachdienliche Informationen zu den Tätigkeiten, Funktionen und Finanzergebnissen verbundener Unternehmen, mit denen der Steuerpflichtige konzerninterne Geschäftsvorfälle getätigt hat, Informationen in Bezug auf potenzielle Vergleichswerte, einschließlich interner Vergleichswerte, sowie Unterlagen zur Durchführung und zu den finanziellen Ergebnissen von potenziell vergleichbaren Fremdgeschäftsvorfällen sowie unverbundenen Dritten. Soweit solche Informationen in der Verrechnungspreisdokumentation enthalten sind, sind besondere Verfahren zur Bereitstellung von Informationen und Unterlagen unter Umständen vermeidbar. Allerdings ist einzuräumen, dass es mit einem unvertretbar hohen Aufwand verbunden und ineffizient wäre, von der Verrechnungspreisdokumentation zu verlangen, dass sie bereits alle Informationen enthält, die für eine umfassende Prüfung möglicherweise erforderlich sein könnten. Folglich wird es zwangsläufig zu Situationen kommen, in denen die Steuerverwaltungen Informationen erhalten möchten, die nicht im Dokumentationspaket enthalten sind. Der Informationszugang einer Steuerverwaltung sollte sich also weder auf die Dokumentation beschränken, auf die sich die Bewertung der Verrechnungspreisrisiken stützte, noch durch diese Dokumentation beschränkt werden. Wenn ein Staat verlangt, dass bestimmte Informationen für Zwecke der Verrechnungspreisprüfung aufbewahrt werden, sollte bei der Formulierung dieser Anforderung ein Ausgleich gefunden werden zwischen dem Informationsbedarf der Steuerverwaltung und dem Befolgungsaufwand des Steuerpflichtigen.

15. Es kann häufig der Fall sein, dass sich die Unterlagen und sonstigen Informationen, die für eine Verrechnungspreisprüfung erforderlich sind, im Besitz von anderen Mitgliedern des multinationalen Konzerns befinden als dem geprüften inländischen Konzernunternehmen. Oft befinden sich die notwendigen Unterlagen außerhalb des Staates, dessen Steuerverwaltung die Prüfung durchführt. Es ist daher wichtig, dass die Steuerverwaltung in der Lage ist, sich direkt oder durch Informationsaustausch, z.B. im Rahmen von Informationsaustauschmechanismen, Informationen zu beschaffen, die sich außerhalb der Staatsgrenzen befinden.

C. Ein dreistufiger Ansatz für die Verrechnungspreisdokumentation

16. Um die in Abschnitt B beschriebenen Ziele zu erreichen, sollten die Staaten einen standardisierten Ansatz für die Verrechnungspreisdokumentation einführen. In diesem Abschnitt ist eine dreistufige Berichtsstruktur beschrieben, die sich zusammensetzt aus *i)* einer Stammdokumentation („Master File"), die standardisierte Informationen enthält, die für alle Mitglieder des multinationalen Konzerns relevant sind, *ii)* einer Einzeldokumentation („Local File"), die sich speziell auf wesentliche Geschäftsvorfälle des inländischen Steuerpflichtigen bezieht, und *iii)* einem länderbezogenen Bericht („Country-by-Country Report"), der bestimmte Informationen hinsichtlich der weltweiten Verteilung der Einkünfte des multinationalen Konzerns und der von ihm entrichteten Steuern sowie bestimmte Indikatoren für die Orte wirtschaftlicher Tätigkeit innerhalb des multinationalen Konzerns enthält.

17. Dieser Ansatz für die Verrechnungspreisdokumentation wird den Steuerverwaltungen sachdienliche und verlässliche Informationen zur Durchführung einer effizienten und belastbaren Verrechnungspreisrisikoanalyse liefern. Zudem schafft er eine Grundlage für die Zusammenstellung der notwendigen Informationen für eine Prüfung und gibt den Steuerpflichtigen eine Möglichkeit und einen Anreiz, aussagekräftig zu untersuchen und zu beschreiben, wie sie den Fremdvergleichsgrundsatz bei wesentlichen Geschäftsvorfällen erfüllen.

C.1 Stammdokumentation („Master File")

18. Die Stammdokumentation („Master File") soll einen Überblick über die Geschäftstätigkeit des multinationalen Konzerns geben, einschließlich der Art seiner globalen Geschäfte, seiner Verrechnungspreispolitik insgesamt sowie der globalen Verteilung seiner Einkünfte und seiner Wirtschaftstätigkeit, um den Steuerverwaltungen bei der Evaluierung des Vorliegens eines bedeutenden Verrechnungspreisrisikos zu helfen. Die Stammdokumentation soll in der Regel einen allgemeinen Überblick geben, der es gestattet, die Verrechnungspreispraxis des multinationalen Konzerns in ihren wirtschaftlichen, rechtlichen, finanziellen und steuerlichen Gesamtkontext zu stellen. Sie soll keine ausführlichen Auflistungen sämtlicher Einzelheiten erfordern (z.B. aller Patente, die sich im Besitz von Mitgliedern des multinationalen Konzerns befinden), da dies mit unnötigem Aufwand verbunden wäre und zudem nicht den Zielen der Stammdokumentation entspräche. Bei der Erstellung der Stammdokumentation, einschließlich Listen wichtiger Vereinbarungen, immaterieller Werte und Geschäftsvorfälle, sollten sich die Steuerpflichtigen bei der Entscheidung über den angemessenen Grad der Detailliertheit der gelieferten Informationen von den Prinzipien einer vernünftigen kaufmännischen Beurteilung leiten lassen und daran denken, dass der Zweck der Stammdokumentation darin besteht, den Steuerverwaltungen einen allgemeinen Überblick über die weltweite Geschäftstätigkeit und politik des multinationalen Konzerns zu geben. Wenn die Anforderungen der Stammdokumentation vollumfänglich durch spezifische

Querverweise auf bereits existierende Unterlagen erfüllt werden können, sind solche Querverweise – ergänzt durch Kopien der einschlägigen Unterlagen – ausreichend zur Erfüllung der betreffenden Anforderungen. Für die Erstellung der Stammdokumentation sollten Informationen dann als wichtig betrachtet werden, wenn ihre Nichterwähnung die Zuverlässigkeit der Verrechnungspreisergebnisse beeinträchtigen würde.

19. Die in der Stammdokumentation geforderten Informationen liefern eine „Blaupause" des multinationalen Konzerns und enthalten sachdienliche Elemente, die in fünf Kategorien eingeteilt werden können: *a)* Organisationsaufbau des multinationalen Konzerns; *b)* Beschreibung der Geschäftstätigkeit bzw. der Geschäftstätigkeiten des multinationalen Konzerns; *c)* immaterielle Werte des multinationalen Konzerns; *d)* konzerninterne Finanztätigkeiten; *e)* Finanzlage und Steuerpositionen des multinationalen Konzerns.

20. Die Steuerpflichtigen sollten die in der Stammdokumentation enthaltenen Informationen für den multinationalen Konzern als Ganzes präsentieren. Eine Organisation der Informationen nach Geschäftsbereichen ist indessen zulässig, wenn sie stichhaltig durch die konkreten Sachverhalte gerechtfertigt werden kann, z.B. weil der multinationale Konzern so aufgebaut ist, dass manche größere Geschäftsbereiche weitgehend unabhängig sind, oder weil manche Geschäftsbereiche erst vor kurzem erworben wurden. Im Fall einer Präsentation nach Geschäftsbereichen ist darauf zu achten, dass die zentralisierten Konzernfunktionen und die Geschäftsvorfälle zwischen verschiedenen Geschäftsbereichen in der Stammdokumentation richtig beschrieben sind. Auch im Fall einer Präsentation nach Geschäftsbereichen soll in jedem Staat die gesamte Stammdokumentation mit allen Geschäftsbereichen zur Verfügung stehen, damit gewährleistet ist, dass sich jeder Staat einen angemessenen Überblick über die globale Geschäftstätigkeit des multinationalen Konzerns verschaffen kann.

21. In Anhang I zu Kapitel V dieser Leitlinien werden die Informationen genannt, die in der Stammdokumentation enthalten sein sollen.

C.2. Einzeldokumentation („Local File")

22. Im Gegensatz zur Stammdokumentation, die wie unter Ziffer 18 beschrieben einen allgemeinen Überblick bietet, enthält die landesspezifische bzw. Einzeldokumentation detailliertere Informationen zu spezifischen konzerninternen Geschäftsvorfällen. Die in der Einzeldokumentation zu liefernden Informationen ergänzen die Stammdokumentation und helfen bei der Erfüllung des Ziels, sicherzustellen, dass der Steuerpflichtige bei seinen wesentlichen Verrechnungspreisannahmen, die einen bestimmten Staat betreffen, dem Fremdvergleichsgrundsatz entsprochen hat. In der Einzeldokumentation geht es um sachdienliche Informationen für die Verrechnungspreisanalyse im Zusammenhang mit Geschäftsvorfällen zwischen einem inländischen Konzernunternehmen und verbundenen Unternehmen in anderen Staaten, die im Kontext des inländischen Steuersystems wesentlich sind. Solche Informationen umfassen sachdienliche finanzielle Informationen in Bezug auf diese spezifischen Geschäftsvorfälle, eine Vergleichbarkeitsanalyse sowie die Auswahl und Anwendung der geeignetsten Verrechnungspreismethode. Wenn eine Anforderung der Einzeldokumentation vollumfänglich durch einen spezifischen Querverweis auf in der Stammdokumentation enthaltene Informationen erfüllt werden kann, reicht ein solcher Querverweis aus.

23. In Anhang II zu Kapitel V dieser Leitlinien werden die Informationen genannt, die in der Einzeldokumentation enthalten sein sollen.

C.3. Länderbezogener Bericht („Country-by-Country Report“)

24. Für den länderbezogenen Bericht („Country-by-Country Report“) sind aggregierte Informationen für alle betroffenen Steuerhoheitsgebiete bezüglich der weltweiten Verteilung der Einkünfte und der entrichteten Steuern sowie bestimmte Indikatoren für die Verteilung der Orte wirtschaftlicher Tätigkeit auf die verschiedenen Steuerhoheitsgebiete, in denen der multinationale Konzern tätig ist, erforderlich. Der länderbezogene Bericht erfordert zudem eine Auflistung aller Konzernunternehmen, für die finanzielle Informationen geliefert werden, mit Nennung des Gründungsstaats, wenn dieser vom Staat der steuerlichen Ansässigkeit abweicht, sowie der wichtigsten Geschäftstätigkeiten, denen die jeweiligen Konzernunternehmen nachgehen.

25. Der länderbezogene Bericht wird hilfreich sein für die Zwecke einer allgemeinen Bewertung der Verrechnungspreisrisiken. Zudem kann er von den Steuerverwaltungen für die Beurteilung anderer Gewinnverkürzungs- und Gewinnverlagerungsrisiken sowie gegebenenfalls für wirtschaftliche und statistische Analysen verwendet werden. Allerdings sollten die Informationen im länderbezogenen Bericht nicht als Ersatz für eine detaillierte Verrechnungspreisanalyse einzelner Geschäftsvorfälle und Preise auf der Grundlage einer vollständigen Funktions- und Vergleichbarkeitsanalyse verwendet werden. Die im länderbezogenen Bericht enthaltenen Informationen stellen für sich genommen keinen eindeutigen Nachweis dafür dar, dass Verrechnungspreise angemessen oder nicht angemessen sind. Sie sollten von den Steuerverwaltungen nicht genutzt werden, um Verrechnungspreiskorrekturen auf der Grundlage einer globalen formelhaften Gewinnaufteilung vorzuschlagen.

26. Anhang III zu Kapitel V dieser Leitlinien enthält ein Musterformular für den länderbezogenen Bericht mit begleitenden Erläuterungen.

D. Fragen der Befolgung und Mitwirkung (Compliance)

D.1. Zeitnahe Dokumentation

27. Jeder Steuerpflichtige sollte sich bemühen, die Verrechnungspreise für steuerliche Zwecke in Übereinstimmung mit dem Fremdvergleichsgrundsatz auf Grund der Informationen festzusetzen, die im Zeitpunkt des Geschäftsvorfalls vernünftigerweise verfügbar sind. Der Steuerpflichtige sollte daher im Allgemeinen vor der Preisfestsetzung überlegen, ob seine Verrechnungspreisbestimmung den steuerlichen Erfordernissen genügt, und sich der Fremdvergleichskonformität seiner Finanzergebnisse zum Zeitpunkt der Abgabe der Steuererklärung vergewissern.

28. Den Steuerpflichtigen sollten bei der Erstellung der Dokumentation keine unverhältnismäßig hohen Kosten und Lasten zugemutet werden. Daher sollen die Steuerverwaltungen ihre Dokumentationsanforderungen gegen den Kosten- und Verwaltungsaufwand abwägen, der dem Steuerpflichtigen durch die Erstellung der betreffenden Dokumentation voraussichtlich entsteht. Wenn ein Steuerpflichtiger unter Berücksichtigung der Prinzipien dieser Leitlinien in vertretbarer Weise nachweist, dass Vergleichsdaten entweder nicht existieren oder dass die Kosten ihrer Beschaffung gemessen an den Beträgen, um die es geht, unverhältnismäßig hoch sind, sollen dem Steuerpflichtigen die Kosten der Beschaffung dieser Daten nicht zugemutet werden.

D.2. Zeitrahmen

29. In den verschiedenen Staaten gelten unterschiedliche Regeln in Bezug auf den Zeitrahmen für die Erstellung der Dokumentation. Manche Staaten verlangen, dass die Informationen zum Zeitpunkt der Abgabe der Steuererklärung fertig vorliegen müssen. Andere verlangen, dass die Dokumentation vorliegen muss, wenn die Prüfung beginnt. Unterschiede bestehen auch in Bezug darauf, wieviel Zeit den Steuerpflichtigen eingeräumt wird, um auf spezifische Dokumentationsanfragen oder sonstige prüfungsbezogene Auskunftsersuchen zu antworten. Diese Unterschiede bei den Fristen für die Bereitstellung der Informationen können es für die Steuerpflichtigen schwierig machen, Prioritäten zu setzen und den Steuerverwaltungen die richtigen Informationen zur richtigen Zeit zu liefern.

30. Die beste Lösung besteht darin, zu fordern, dass die Einzeldokumentation spätestens zum vorgeschriebenen Termin für die Einreichung der Steuererklärung für das fragliche Wirtschaftsjahr fertiggestellt ist. Die Stammdokumentation sollte bis zu dem Termin, zu dem die oberste Muttergesellschaft des multinationalen Konzerns ihre Steuererklärung einreichen muss, überprüft und nötigenfalls aktualisiert werden. In Staaten, in denen es üblich ist, Geschäftsvorfälle im Rahmen von Programmen der kooperativen Befolgung („Co-operative Compliance") bei ihrer Durchführung zu prüfen, kann es notwendig sein, bestimmte Informationen schon vor Abgabe der Steuererklärung einzureichen.

31. In Bezug auf den länderbezogenen Bericht wird anerkannt, dass der Jahresabschluss und sonstige Finanzinformationen, die für die in Anhang III beschriebenen länderbezogenen Angaben relevant sein könnten, in manchen Staaten zum vorgeschriebenen Termin für die Abgabe der Steuererklärung für das betreffende Wirtschaftsjahr möglicherweise noch nicht vorliegen. Unter diesen Umständen kann die Frist für die Fertigstellung des in Anhang III zu Kapitel V dieser Leitlinien beschriebenen länderbezogenen Berichts um ein Jahr ab dem letzten Tag des Wirtschaftsjahrs der obersten Muttergesellschaft des multinationalen Konzerns verlängert werden.

D.3. Wesentlichkeit

32. Nicht alle Geschäftsvorfälle zwischen verbundenen Unternehmen sind so wesentlich, als dass sie in vollem Umfang in der Einzeldokumentation zu dokumentieren sind. Die Steuerverwaltungen haben Interesse daran, die wichtigsten Informationen zu erhalten, womit es zugleich in ihrem Interesse steht, dass die multinationalen Unternehmen durch die Befolgung der geltenden Vorschriften nicht derart überfordert werden, dass sie es versäumen, gerade die wichtigsten Punkte zu berücksichtigen und zu dokumentieren. Daher sollten die auf Anhang II zu Kapitel V dieser Leitlinien basierenden Anforderungen der einzelnen Staaten in Bezug auf die Verrechnungspreisdokumentation spezifische Wesentlichkeitsgrenzen enthalten, die den Umfang und die Beschaffenheit der inländischen Wirtschaft, die Bedeutung des multinationalen Konzerns in dieser inländischen Wirtschaft, den Umfang und die Beschaffenheit seiner inländischen operativen Unternehmen sowie den Gesamtumfang und die Beschaffenheit des multinationalen Konzerns berücksichtigen. Wesentlichkeitsgrenzen können relativ ausgedrückt werden (z.B. wenn Geschäftsvorfälle als unwesentlich gelten, die einen bestimmten Prozentsatz des Umsatzerlöses oder der Kosten nicht übersteigen) oder absolut (z.B. wenn Geschäftsvorfälle als unwesentlich gelten, die einen bestimmten Betrag nicht übersteigen). Die einzelnen Staaten sollten für die Zwecke der Einzeldokumentation eigene Wesentlichkeitsstandards auf der Grundlage ihrer konkreten Gegebenheiten festlegen. Bei den Wesentlichkeitsstandards sollte es sich um objektive Regeln handeln, die allgemein verstanden und in der kaufmännischen Praxis anerkannt werden. Vgl. Ziffer 18 wegen der Wesentlichkeitsstandards bei der Erstellung der Stammdokumentation.

33. Verschiedene Staaten haben in ihre Regeln für die Verrechnungspreisdokumentation Vereinfachungsmaßnahmen aufgenommen, durch die kleine und mittlere Unternehmen (KMU) von den Dokumentationsanforderungen freigestellt werden oder die den Umfang der von KMU bereitzustellenden Informationen begrenzen. Um den Steuerpflichtigen keine unverhältnismäßigen Kosten und Lasten aufzubürden, wird empfohlen, von KMU nicht zu verlangen, Dokumentation in einem Umfang bereitzustellen, wie er von größeren Unternehmen erwartet werden kann. Allerdings sollten KMU verpflichtet werden, auf konkretes Ersuchen der Steuerverwaltung im Verlauf einer Betriebsprüfung oder für Zwecke der Bewertung der Verrechnungspreisrisiken Informationen und Unterlagen zu ihren wesentlichen grenzüberschreitenden Geschäftsvorfällen bereitzustellen.

34. Für die Zwecke von Anhang III zu Kapitel V dieser Leitlinien sollte sich der länderbezogene Bericht auf alle Steuerhoheitsgebiete erstrecken, in denen der multinationale Konzern über steuerlich ansässige Unternehmen verfügt, unabhängig vom Umfang der Geschäftstätigkeit im betreffenden Steuerhoheitsgebiet.

D.4. *Aufbewahrung von Unterlagen*

35. Die Steuerpflichtigen sollten nicht verpflichtet werden, Unterlagen über einen Zeitraum hinaus aufzubewahren, der nach den Anforderungen der innerstaatlichen Rechtsvorschriften auf Ebene der Muttergesellschaft oder des inländischen Konzernunternehmens als vertretbar zu betrachten ist. Allerdings können für das Dokumentationspaket (Stammdokumentation, Einzeldokumentation und länderbezogener Bericht) erforderliche Unterlagen und Informationen manchmal für die Überprüfung der Verrechnungspreise in einem noch nicht verjährten Folgejahr von Bedeutung sein, wenn beispielsweise Steuerpflichtige solche Unterlagen freiwillig aufbewahrt haben, weil sie im Zusammenhang mit langfristigen Verträgen stehen oder um zu prüfen, ob die Vergleichbarkeitskriterien für die Anwendung einer Verrechnungspreismethode in diesem Folgejahr noch erfüllt sind. Die Steuerverwaltungen sollten die Schwierigkeiten bei der Beschaffung von Unterlagen für Vorjahre beachten und entsprechende Anfragen auf Fälle beschränken, in denen sie im Zusammenhang mit dem geprüften Geschäftsvorfall gute Gründe haben, die betreffenden Unterlagen zu überprüfen.

36. Da das eigentliche Anliegen der Steuerverwaltung befriedigt ist, wenn die nötigen in einem Betriebsprüfungsverfahren angeforderten Unterlagen zeitgerecht vorgelegt werden, sollte dem Steuerpflichtigen überlassen werden, in welcher Form – in Papierform, elektronischer Form oder mit einem anderen System – er die Unterlagen aufbewahrt, vorausgesetzt die fraglichen Informationen können der Steuerverwaltung rasch in der nach den Regeln und Verfahren des betreffenden Staates vorgeschriebenen Form zur Verfügung gestellt werden.

D.5. *Häufigkeit der Aktualisierung der Dokumentation*

37. Es wird empfohlen, die Verrechnungspreisdokumentation regelmäßig zu überprüfen, um zu bestimmen, ob die Funktionsanalyse und die wirtschaftliche Analyse immer noch präzise und sachgerecht sind, und um die Gültigkeit der angewandten Verrechnungspreismethode zu bestätigen. Die Stammdokumentation, die Einzeldokumentation und der länderbezogene Bericht sollten im Allgemeinen jährlich überprüft und aktualisiert werden. Allerdings wird anerkannt, dass sich die Beschreibungen der Geschäftstätigkeit, die Funktionsanalysen und die Beschreibungen der Vergleichswerte in vielen Situationen von einem Jahr zum nächsten möglicherweise nicht wesentlich ändern.

38. Um den Befolgungsaufwand der Steuerpflichtigen zu verringern, können die Steuerverwaltungen festlegen, dass die Suche nach Vergleichswerten in Datenbanken zur Untermauerung von Teilen der Einzeldokumentation alle drei Jahre anstatt jährlich wiederholt werden muss, sofern sich die Bedingungen der Geschäftstätigkeit nicht geändert haben. Die finanziellen Daten zu den Vergleichswerten sollten aber dennoch jedes Jahr aktualisiert werden, damit der Fremdvergleichsgrundsatz zuverlässig angewandt werden kann.

D.6. Sprache

39. Die Notwendigkeit, die Dokumentation in der Landessprache vorzulegen, kann bei der Befolgung der Verrechnungspreisvorschriften insofern eine zusätzliche Erschwernis darstellen, als die Übersetzung der Unterlagen mit erheblichem Zeit- und Kostenaufwand verbunden sein kann. In welcher Sprache die Verrechnungspreisdokumentation zu unterbreiten ist, sollte nach den inländischen Rechtsvorschriften festgelegt werden. Den Staaten wird nahegelegt, die Einreichung von Verrechnungspreisunterlagen in weit verbreiteten Sprachen zuzulassen, sofern dies den Nutzen der Unterlagen nicht beeinträchtigt. Wo die Steuerverwaltungen der Ansicht sind, dass eine Übersetzung der Unterlagen erforderlich ist, sollten sie eine solche Übersetzung speziell anfordern und für ihre Bereitstellung ausreichend Zeit einräumen, damit sie eine möglichst geringe Belastung darstellt.

D.7. Strafen

40. Viele Staaten haben Strafen für den Fall der Nichterfüllung der Vorschriften für die Verrechnungspreisdokumentation eingeführt, um die Wirksamkeit dieser Dokumentationsanforderungen zu sichern. Mit diesen Strafen soll erreicht werden, dass die Nichtbefolgung der Vorschriften kostspieliger ist als ihre Befolgung. Strafregelungen unterliegen den Gesetzen der jeweiligen Staaten. Die Praktiken der verschiedenen Staaten in Bezug auf die Strafen bei Nichterfüllung der Dokumentationsanforderungen unterscheiden sich deutlich. Die Existenz unterschiedlicher Strafregelungen in den verschiedenen Staaten könnte sich insofern auf die Qualität der Befolgung der Vorschriften durch die Steuerpflichtigen auswirken, als sich diese veranlasst sehen könnten, die Vorschriften eines Staates eher zu befolgen als die eines anderen.

41. Bei den im Fall der Nichterfüllung der Anforderungen für die Verrechnungspreisdokumentation bzw. einer nicht rechtzeitigen Übermittlung der erforderlichen Informationen verhängten Strafen handelt es sich üblicherweise um zivilrechtliche (bzw. verwaltungsrechtliche) Geldbußen. Diese dokumentationsauflagenbezogenen Strafen beruhen auf einem Festbetrag, der für jede fehlende Unterlage oder für jedes betrachtete Wirtschaftsjahr festgelegt werden kann, oder errechnen sich prozentual zur Höhe der letztlich festgestellten Steuerverkürzung, prozentual zur entsprechenden Gewinnberichtigung oder prozentual zum Betrag der nicht dokumentierten grenzüberschreitenden Geschäftsvorfälle.

42. Es sollte darauf geachtet werden, dass gegen einen Steuerpflichtigen keine dokumentationsauflagenbezogenen Strafen für die Nichteinreichung von Daten verhängt werden, zu denen der multinationale Konzern keinen Zugang hatte. Allerdings bedeutet die Entscheidung, keine Strafe wegen Nichterfüllung von Dokumentationsanforderungen zu verhängen, nicht, dass keine Gewinnberichtigungen vorgenommen werden können, wenn die Preise nicht mit dem Fremdvergleichsgrundsatz übereinstimmen. Die Tatsache, dass die Annahmen eines Steuerpflichtigen in vollem Umfang dokumentiert sind, bedeutet nicht zwangsläufig, dass diese Annahmen auch korrekt sind. Des Weiteren ist eine Erklärung eines inländischen Konzernunternehmens, wonach andere Konzernunternehmen für die Befolgung der Verrechnungspreisregeln zuständig seien, weder ein ausreichender Grund dafür, dass dieses

Unternehmen die erforderlichen Unterlagen nicht bereitstellt, noch sollte eine solche Erklärung verhindern, dass dokumentationsauflagenbezogene Strafen verhängt werden, wenn die notwendigen Informationen nicht geliefert werden.

43. Eine andere Möglichkeit, um die Steuerpflichtigen zur Erfüllung ihrer Dokumentationspflichten anzuspornen, ist die Entwicklung von Befolgungsanreizen, wie z.B. Strafbefreiung oder Beweislastumkehr. Wenn die Dokumentation den Anforderungen entspricht und rechtzeitig eingereicht wird, könnte der Steuerpflichtige von Steuerstrafen befreit werden oder in den Genuss eines niedrigeren Strafsatzes kommen, falls trotz der Bereitstellung von Dokumentation eine Verrechnungspreiskorrektur vorgenommen und aufrechterhalten wird. In manchen Staaten, in denen die Beweislast in Verrechnungspreisfragen beim Steuerpflichtigen liegt, wäre eine Umkehrung der Beweislast hin zur Steuerverwaltung, wenn rechtzeitig eine ausreichende Dokumentation vorgelegt wurde, eine andere Maßnahme, mit der ein Anreiz zur Erfüllung der Anforderungen an die Verrechnungspreisdokumentation geschaffen werden könnte.

D.8. *Vertraulichkeit*

44. Die Steuerverwaltungen sollten alle zumutbaren Schritte ergreifen, um sicherzustellen, dass keine vertraulichen Informationen (Handelsgeheimnisse, wissenschaftliche Geheimnisse usw.) oder sonstige wirtschaftlich sensible Informationen, die im Dokumentationspaket (Stammdokumentation, Einzeldokumentation und länderbezogener Bericht) enthalten sind, an die Öffentlichkeit gelangen. Die Steuerverwaltungen sollten den Steuerpflichtigen zudem garantieren, dass die in ihrer Verrechnungspreisdokumentation enthaltenen Informationen vertraulich bleiben. Falls eine Offenlegung in Gerichtsverfahren oder für Gerichtsentscheidungen notwendig ist, sollte alles getan werden, um sicherzustellen, dass die Vertraulichkeit gewahrt bleibt und dass die Informationen nur im erforderlichen Umfang offengelegt werden.

45. Das OECD-Handbuch *Keeping it Safe* (2012) über den Schutz der Vertraulichkeit von Informationen, die für Steuerzwecke ausgetauscht werden, enthält Hinweise zu den Regeln und Verfahren, die eingerichtet werden müssen, um die Vertraulichkeit von Steuerinformationen zu gewährleisten, die im Rahmen von Instrumenten für den Informationsaustausch übermittelt werden.

D.9. *Sonstige Fragen*

46. Das Erfordernis, jeweils die verlässlichsten Informationen zu verwenden, dürfte normalerweise – wenn auch nicht immer – bedeuten, dass inländische Vergleichswerte regionalen Vergleichswerten vorzuziehen sind, sofern inländische Vergleichswerte in zumutbarer Weise beschafft werden können. Die Verwendung regionaler Vergleichswerte in einer für Staaten der gleichen Region erstellten Verrechnungspreisdokumentation wird sich in Situationen, in denen inländische Vergleichswerte vorliegen, manchmal nicht mit dem Erfordernis vereinbaren lassen, die verlässlichsten Informationen zu verwenden. Auch wenn die Vorteile einer Vereinfachung durch eine Begrenzung der Zahl der Suchenden nach Vergleichswerten, die ein Unternehmen durchführen muss, nicht von der Hand zu weisen sind und Aspekte wie Wesentlichkeit und Befolgungskosten wichtige Faktoren sind, die es zu berücksichtigen gilt, sollte das Streben nach Vereinfachung der Befolgungsverfahren nicht so weit gehen, dass die Erfüllung des Erfordernisses der Verwendung der verlässlichsten verfügbaren Informationen dadurch beeinträchtigt würde. Vgl. Ziffer 1.57-1.58 zu Marktunterschieden und Mehrländeranalysen wegen weiterer Einzelheiten dazu, wann inländische Vergleichswerte vorzuziehen sind.

47. Es wird nicht empfohlen – vor allem nicht in der Phase der Bewertung der Verrechnungspreisrisiken – zu verlangen, dass die Verrechnungspreisdokumentation von einem externen Prüfer oder sonstigen Dritten bestätigt wird. Desgleichen wird auch die verpflichtende Einschaltung von Beratungsfirmen bei der Erstellung der Verrechnungspreisdokumentation nicht empfohlen.

E. Umsetzung

48. Es ist äußerst wichtig, dass die Handreichungen in diesem Kapitel und insbesondere der länderbezogene Bericht wirkungsvoll und konsistent umgesetzt werden. Daher haben die am OECD/G20-Projekt zu Gewinnverkürzung und Gewinnverlagerung (BEPS) beteiligten Staaten die folgenden Leitlinien zur Umsetzung der Verrechnungspreisdokumentation und der länderbezogenen Berichterstattung erarbeitet.

E.1. Stammdokumentation und Einzeldokumentation

49. Es wird empfohlen, die Umsetzung der Bestandteile Stammdokumentation („Master File") und Einzeldokumentation („Local File") der Verrechnungspreisdokumentation über einzelstaatliche Rechtsvorschriften oder Verwaltungsverfahren zu regeln und sie direkt bei den Steuerverwaltungen der betreffenden Staaten nach deren Vorgaben einreichen zu lassen. Die am BEPS-Projekt von OECD und G20 beteiligten Staaten sind sich einig, dass bei der Regelung der Bestandteile Stammdokumentation und Einzeldokumentation in den einzelstaatlichen Rechtsvorschriften oder Verwaltungsverfahren sowohl den Anforderungen der Vertraulichkeit als auch der einheitlichen Anwendung der in den Anhängen I und II zu Kapitel V dieser Leitlinien enthaltenen Standards Rechnung getragen werden sollte.

E.2. Länderbezogener Bericht („Country-by-Country Report")

E.2.1. Zeitplanung: Ab wann sollte die Pflicht zur länderbezogenen Berichterstattung gelten?

50. Es wird empfohlen, vorzuschreiben, dass die ersten länderbezogenen Berichte für Wirtschaftsjahre multinationaler Konzerne mit Beginn am oder nach dem 1. Januar 2016 vorgelegt werden. Dabei ist allerdings zu berücksichtigen, dass einige Staaten möglicherweise eine gewisse Zeit brauchen werden, um die notwendigen Gesetzesänderungen im Rahmen ihrer innerstaatlichen Gesetzgebungsverfahren vorzunehmen. Um die Staaten bei der rechtzeitigen Ausarbeitung ihrer Rechtsvorschriften zu unterstützen, wurde ein Muster für eine Rechtsvorschrift formuliert, welche die obersten Muttergesellschaften multinationaler Konzerne zur Vorlage des länderbezogenen Berichts in ihrem Ansässigkeitsstaat verpflichtet (siehe Anhang IV zu Kapitel V dieser Leitlinien). Die Staaten können diese Mustervorschrift an ihre eigenen Rechtssysteme anpassen. In Anbetracht der Empfehlung in Ziffer 31, multinationalen Unternehmen für die Erstellung und Einreichung des länderbezogenen Berichts eine Frist von einem Jahr ab dem Ende des Wirtschaftsjahrs einzuräumen, auf das sich der Bericht bezieht, dürften die ersten länderbezogenen Berichte ab dem 31. Dezember 2017 vorliegen. Bei multinationalen Konzernen, deren Wirtschaftsjahr an einem anderen Datum als dem 31. Dezember endet, müsste der erste länderbezogene Bericht im Lauf des Jahres 2018 vorgelegt werden – zwölf Monate nach dem Ende des betreffenden Wirtschaftsjahrs des multinationalen Unternehmens – und würde sich auf das erste Wirtschaftsjahr des multinationalen Konzerns mit Beginn nach dem 1. Januar 2016 beziehen. Aus dieser Empfehlung folgt, dass sich die am BEPS-Projekt von OECD und

G20 beteiligten Staaten einig sind, dass sie keine Pflicht zur Vorlage von länderbezogenen Berichten nach dem neuen Muster für Wirtschaftsjahre multinationaler Unternehmen mit Beginn vor dem 1. Januar 2016 einführen werden. Das Wirtschaftsjahr des multinationalen Unternehmens entspricht dem Berichtszeitraum für Konzernabschlüsse und nicht dem Steuerjahr oder dem Berichtszeitraum einzelner Tochtergesellschaften.

E.2.2 Welche multinationalen Konzerne sollten zur länderbezogenen Berichterstattung verpflichtet werden?

51. Es wird empfohlen, alle multinationalen Konzerne zur jährlichen Vorlage des länderbezogenen Berichts zu verpflichten, die nicht nach den nachstehenden Bedingungen davon freigestellt werden sollten.

52. Von der allgemeinen Vorlagepflicht freigestellt werden sollten multinationale Konzerne mit einem jährlichen konsolidierten Umsatzerlös im unmittelbar vorangegangenen Wirtschaftsjahr von weniger als 750 Mio. Euro oder einem ungefähr gleichwertigen Betrag in Landeswährung Stand Januar 2015. So wäre beispielsweise ein multinationaler Konzern, dessen Rechnungslegungszeitraum dem Kalenderjahr entspricht und dessen konsolidierter Umsatzerlös sich im Kalenderjahr 2015 auf 625 Mio. Euro belief, in keinem Staat zur Vorlage eines länderbezogenen Berichts für sein am 31. Dezember 2016 endendes Wirtschaftsjahr verpflichtet.

53. Es wird davon ausgegangen, dass durch die Freistellung bis zu einem Schwellenwert von 750 Mio. Euro nach Ziffer 52 zwar etwa 85-90% aller multinationalen Konzerne nicht zur länderbezogenen Berichterstattung verpflichtet sein werden, dass der länderbezogene Bericht aber dennoch von multinationalen Konzernen vorgelegt werden wird, auf die insgesamt etwa 90% der Umsatzerlöse des Unternehmenssektors entfallen. Somit gewährleistet die vorgesehene Freistellungsgrenze ein ausgewogenes Verhältnis zwischen dem Berichterstattungsaufwand einerseits und dem Nutzen für die Steuerverwaltungen andererseits.

54. Die am BEPS-Projekt von OECD und G20 beteiligten Staaten beabsichtigen, die Eignung des im vorstehenden Absatz genannten Schwellenwerts für den Umsatzerlös im Rahmen ihrer für 2020 geplanten Überprüfung der Umsetzung des neuen Standards – u.a. im Hinblick darauf, ob zusätzliche oder andere Daten unterbreitet werden sollten – zu prüfen.

55. Es herrscht die Auffassung, dass neben den im vorliegenden Abschnitt aufgeführten Freistellungen keine weiteren Ausnahmen von der Pflicht zur länderbezogenen Berichterstattung eingeführt werden sollten. Insbesondere sollte es keine Ausnahmen für einzelne Branchen geben, sollte keine allgemeine Freistellung von Investmentfonds vorgesehen und sollte keine Ausnahme bei Personengesellschaften oder nicht börsennotierten Unternehmen gemacht werden. Ungeachtet dessen sind sich die am BEPS-Projekt von OECD und G20 beteiligten Staaten einig, dass multinationale Konzerne mit Einkünften aus dem internationalen Verkehr oder der Binnenschifffahrt, für die Abkommensbestimmungen gelten, die sich konkret auf derartige Einkünfte beziehen und nach denen die Besteuerungsrechte in Bezug auf diese Einkünfte ausschließlich einem Staat zugewiesen werden, die im Muster für den länderbezogenen Bericht zu diesen Einkünften geforderten Informationen nur in der Zeile für den Staat angeben sollten, dem nach den einschlägigen Abkommensbestimmungen die Besteuerungsrechte zugewiesen werden.

E.2.3 Notwendige Bedingungen im Zusammenhang mit dem Erhalt und der Verwendung des Country-by-Country Report

56. Die am BEPS-Projekt von OECD und G20 beteiligten Staaten erklären sich mit den folgenden Bedingungen im Zusammenhang mit dem Erhalt und der Verwendung des länderbezogenen Berichts einverstanden.

Vertraulichkeit

57. Die Staaten sollten über Rechtsvorschriften zum Schutz der Vertraulichkeit der gemeldeten Informationen verfügen und diese durchsetzen. Durch entsprechende Vorschriften sollte die Vertraulichkeit des länderbezogenen Berichts mindestens in dem Umfang gewährleistet werden, der gelten würde, wenn die Informationen dem betreffenden Staat im Rahmen des Übereinkommens über die gegenseitige Amtshilfe in Steuersachen, eines Steuerinformationsabkommens (TIEA) oder eines Doppelbesteuerungsabkommens übermittelt würden, das den international vereinbarten und vom Globalen Forum Transparenz und Informationsaustausch in Steuerangelegenheiten geprüften Standard zum Informationsaustausch auf Ersuchen erfüllt. Zu den notwendigen Schutzmaßnahmen zählen Beschränkungen der Verwendung der Informationen, Regeln in Bezug auf die Personen, an die die Informationen weitergegeben werden dürfen, Ordre-public-Vorbehalte usw.

Einheitlichkeit

58. Die Staaten sollten sich nach Kräften bemühen, eine Rechtsvorschrift zu verabschieden, nach der die obersten Muttergesellschaften multinationaler Konzerne, die in ihrem Hoheitsgebiet ansässig sind, den länderbezogenen Bericht erstellen und vorlegen müssen, sofern sie nicht nach Ziffer 52 davon freigestellt sind. Dabei sollten sie das Standardformular aus Anhang III zu Kapitel V dieser Leitlinien verwenden. Anders ausgedrückt wird ein Staat im Rahmen dieser Bedingung weder vorschreiben, dass der länderbezogene Bericht zusätzliche Informationen zu denen, die in Anhang III aufgeführt sind, enthalten muss, noch auf eine Verpflichtung zur Angabe von Informationen verzichten, die in Anhang III aufgeführt sind.

Sachgemäße Verwendung

59. Die Staaten sollten die Informationen aus dem Formular für den länderbezogenen Bericht sachgemäß wie in Ziffer 25 beschrieben verwenden. Insbesondere werden sich die Staaten verpflichten, den länderbezogenen Bericht für eine allgemeine Bewertung der Verrechnungspreisrisiken zu nutzen. Ferner können sie den länderbezogenen Bericht für die Bewertung anderer Gewinnverkürzungs- und Gewinnverlagerungsrisiken heranziehen. Die Staaten sollten ausgehend von den Angaben im länderbezogenen Bericht keine Korrekturen der Einkünfte eines Steuerpflichtigen auf der Grundlage einer Gewinnaufteilungsformel vorschlagen. Außerdem werden sie sich verpflichten, dass im Fall entsprechender Korrekturen anhand der Angaben im länderbezogenen Bericht durch die inländische Steuerverwaltung diese in einem einschlägigen Verfahren der zuständigen Behörde des jeweiligen Staates unverzüglich zurückgenommen werden. Dies bedeutet jedoch nicht, dass die Staaten die Angaben im länderbezogenen Bericht nicht im Rahmen einer Steuerprüfung als Grundlage für weitere Untersuchungen der Verrechnungspreisvereinbarungen des multinationalen Konzerns oder anderer Steuerangelegenheiten verwenden dürfen[1].

E.2.4. Rahmen für zwischenstaatliche Mechanismen für den Austausch von länderbezogenen Berichten und Umsetzungspaket

E.2.4.1 Rahmen

60. Die Staaten sollten die obersten Muttergesellschaften multinationaler Konzerne, die in ihrem Hoheitsgebiet ansässig sind und für die Abschnitt E.2.2 dies vorsieht, zeitnah zur länderbezogenen Berichterstattung verpflichten und die vorgelegten Informationen automatisch mit den Staaten austauschen, in denen der multinationale Konzern tätig ist und die die in Abschnitt E.2.3 aufgeführten Bedingungen erfüllen. Übermittelt ein Staat einem anderen Staat, der die in Abschnitt E.2.3 genannten Bedingungen erfüllt, keine Informationen, weil *a)* er die obersten Muttergesellschaften entsprechender multinationaler Konzerne nicht zur länderbezogenen Berichterstattung verpflichtet hat, *b)* zwischen den zuständigen Behörden nicht rechtzeitig eine Vereinbarung über den Austausch der länderbezogenen Berichte im Rahmen der bestehenden internationalen Übereinkünfte des Staates geschlossen wurde oder *c)* nach Vereinbarung eines Informationsaustauschs mit einem anderen Staat festgestellt wird, dass in der Praxis kein solcher Austausch erfolgt, würde ein Zweitmechanismus in Form der Vorlage der länderbezogenen Berichte in den einzelnen betroffenen Staaten oder in Form der Vorlage durch ein damit betrautes Mitglied des multinationalen Konzerns statt durch die oberste Muttergesellschaft sowie eines automatischen Austauschs der Berichte durch den Staat, in dem dieses Konzernmitglied steuerlich ansässig ist, als angemessen anerkannt.

E.2.4.2. Umsetzungspaket

61. Vor diesem Hintergrund haben die am BEPS-Projekt von OECD und G20 beteiligten Staaten ein Umsetzungspaket für den zwischenstaatlichen Austausch von länderbezogenen Berichten erarbeitet, das in Anhang IV zu Kapitel V dieser Leitlinien enthalten ist.

Dies beinhaltete im Einzelnen Folgendes:

- Es wurde ein Muster für eine Rechtsvorschrift ausgearbeitet, welche die oberste Muttergesellschaft eines multinationalen Konzerns zur Vorlage des länderbezogenen Berichts in ihrem Ansässigkeitsstaat verpflichtet. Die Staaten können diese Mustervorschrift an ihre eigenen Rechtssysteme anpassen, wenn bestehende Rechtsvorschriften geändert werden müssen. Zentrale Elemente von Zweitmechanismen wurden ebenfalls ausgearbeitet.
- Es wurden Umsetzungsvereinbarungen für den automatischen Austausch der länderbezogenen Berichte im Rahmen internationaler Übereinkünfte ausgearbeitet, in denen die in Abschnitt E.2.3 aufgeführten Bedingungen festgeschrieben sind. Diese Umsetzungsvereinbarungen umfassen Vereinbarungen zwischen den zuständigen Behörden (Competent Authority Agreements – CAA), die auf bestehenden internationalen Übereinkünften (dem Übereinkommen über die gegenseitige Amtshilfe in Steuersachen, Doppelbesteuerungsabkommen und Steuerinformationsabkommen) beruhen und sich an den bestehenden Mustervereinbarungen für den automatischen Austausch von Informationen über Finanzkonten orientieren, die die OECD zusammen mit den G20 erarbeitet hat.

62. Die beteiligten Staaten bemühen sich, bei Bedarf zeitnah innerstaatliche Rechtsvorschriften zu verabschieden. Außerdem sind sie dazu angehalten, ihre internationalen Übereinkünfte über den Informationsaustausch weiter auszudehnen. Die Umsetzung des Pakets wird laufend überwacht werden. Die Ergebnisse dieses Monitorings werden bei der für 2020 geplanten Überprüfung berücksichtigt werden.

Anmerkungen

1. Sofern der zwischenstaatliche Austausch der länderbezogenen Berichte auf bilateralen Abkommen beruht, stehen Verständigungsverfahren zur Verfügung. Für Fälle, in denen die internationalen Übereinkünfte, auf denen der zwischenstaatliche Austausch der länderbezogenen Berichte beruht, kein Verständigungsverfahren vorsehen, verpflichten sich die Staaten, in der auszuarbeitenden Vereinbarung zwischen den zuständigen Behörden einen Mechanismus für Verfahren der zuständigen Behörden festzulegen, in deren Rahmen über Fälle mit unerwünschten wirtschaftlichen Ergebnissen mit dem Ziel einer Klärung beraten werden kann, auch wenn solche Fälle bei einzelnen Unternehmen auftreten.

Anhang I zu Kapitel V

Verrechnungspreisdokumentation – Stammdokumentation („Master File“)

Folgende Informationen sollten in der Stammdokumentation enthalten sein:

Organisationsaufbau

- Grafische Darstellung der Rechts- und Eigentumsstruktur des multinationalen Konzerns sowie der geografischen Verteilung seiner operativen Geschäftseinheiten.

Beschreibung der Geschäftstätigkeit(en) des multinationalen Konzerns

- Allgemeine schriftliche Darstellung der Geschäftstätigkeit des multinationalen Konzerns:
  - Wichtige Faktoren für den Unternehmensgewinn.
  - Beschreibung der Lieferkette für die fünf umsatzmäßig größten vom Konzern angebotenen Produkte und/oder Dienstleistungen sowie für alle weiteren Produkte und/oder Dienstleistungen, auf die mehr als 5% des Konzernumsatzes entfallen. Die erforderliche Beschreibung kann in Form einer Grafik oder eines Diagramms erfolgen.
  - Auflistung und kurze Beschreibung wichtiger Dienstleistungsvereinbarungen zwischen Mitgliedern des multinationalen Konzerns (ohne Forschungs- und Entwicklungsleistungen – FuE), einschließlich einer Beschreibung der Kapazitäten der Hauptstandorte, die wichtige Dienstleistungen erbringen, sowie der Verrechnungspreispolitik für die Zuordnung der Dienstleistungskosten und die Bestimmung der für konzerninterne Dienstleistungen zu zahlenden Preise.
  - Beschreibung der wichtigsten geografischen Märkte für die Produkte und Dienstleistungen des Konzerns, auf die weiter oben unter dem zweiten Aufzählungspunkt Bezug genommen wird.
  - Kurze schriftliche Funktionsanalyse, die die Hauptbeiträge beschreibt, die die einzelnen Unternehmen des Konzerns zu dessen Wertschöpfung leisten, d.h. die ausgeübten Schlüsselfunktionen, wichtigen übernommenen Risiken und wichtigen genutzten Vermögenswerte.
  - Beschreibung wichtiger während des Wirtschaftsjahrs erfolgter Umstrukturierungen der Geschäftstätigkeit, Anschaffungen und Veräußerungen.

Immaterielle Werte des multinationalen Konzerns (wie in Kapitel VI dieser Leitlinien definiert)

- Allgemeine Beschreibung der Gesamtstrategie des multinationalen Konzerns für Entwicklung, Eigentum und Verwertung immaterieller Werte, einschließlich Standorte der wichtigsten FuE-Einrichtungen und Standort des FuE-Managements.
- Auflistung der immateriellen Werte bzw. Gruppen immaterieller Werte des multinationalen Konzerns, die für Verrechnungspreiszwecke von Bedeutung sind, sowie der Konzernunternehmen, die deren rechtliche Eigentümer sind.
- Auflistung wichtiger Vereinbarungen zwischen identifizierten verbundenen Unternehmen in Bezug auf immaterielle Werte, einschließlich Kostenumlagevereinbarungen, wesentlicher Forschungsdienstleistungsvereinbarungen und Lizenzvereinbarungen.
- Allgemeine Beschreibung der Verrechnungspreispolitik des Konzerns in Bezug auf FuE und immaterielle Werte.
- Allgemeine Beschreibung aller wichtigen Übertragungen von Rechten an immateriellen Werten zwischen verbundenen Unternehmen während des betreffenden Wirtschaftsjahrs, einschließlich der entsprechenden Unternehmen, Staaten und Vergütungen.

Konzerninterne Finanztätigkeiten

- Allgemeine Beschreibung der Art und Weise, wie der Konzern finanziert wird, einschließlich wichtiger Vereinbarungen mit konzernfremden Kreditgebern.
- Identifizierung aller Mitglieder des multinationalen Konzerns, die für den Konzern eine zentrale Finanzierungsfunktion ausüben, einschließlich der Staaten, nach deren Rechtsvorschriften die betreffenden Unternehmen organisiert sind, und des Orts der tatsächlichen Geschäftsleitung dieser Unternehmen.
- Allgemeine Beschreibung der Verrechnungspreispolitik des multinationalen Konzerns in Bezug auf Finanzierungsvereinbarungen zwischen verbundenen Unternehmen.

Finanzlage und Steuerpositionen des multinationalen Konzerns

- Der konsolidierte Jahresabschluss des multinationalen Konzerns für das betreffende Wirtschaftsjahr, falls ein solcher Konzernabschluss anderweitig für Rechnungslegungs-, Aufsichts-, Management-, Steuer- oder sonstige Zwecke erstellt wird.
- Auflistung und kurze Beschreibung der bestehenden unilateralen Vorabverständigungen über die Verrechnungspreisgestaltung (Advance Pricing Agreements – APA) des multinationalen Konzerns sowie anderer steuerlicher Vorabzusagen („Tax Rulings“) im Zusammenhang mit der Aufteilung der Einkünfte zwischen den Staaten.

Anhang II zu Kapitel V

Verrechnungspreisdokumentation – Einzeldokumentation („Local File")

Folgende Informationen sollten in der Einzeldokumentation enthalten sein:

Inländisches Konzernunternehmen

- Beschreibung der Managementstruktur des inländischen Unternehmens, Organigramm des inländischen Unternehmens und Beschreibung der Personen, an die die inländische Geschäftsleitung berichtet, sowie der Staaten, in denen diese Personen ihren Hauptsitz haben.
- Detaillierte Beschreibung der Geschäftstätigkeit und der Geschäftsstrategie des inländischen Unternehmens, einschließlich Hinweis darauf, ob das inländische Unternehmen an Umstrukturierungen der Geschäftstätigkeit oder Übertragungen immaterieller Werte, die im laufenden oder im unmittelbar vorangegangenen Jahr erfolgt sind, beteiligt oder von ihnen betroffen war, sowie einer Erläuterung derjenigen Aspekte dieser Geschäftsvorfälle, die sich auf das inländische Unternehmen auswirken.
- Wichtigste Konkurrenzunternehmen.

Konzerninterne Geschäftsvorfälle

Für jede wesentliche Art von konzerninternen Geschäftsvorfällen, an denen das Unternehmen beteiligt ist, Bereitstellung der folgenden Informationen:

- Beschreibung der wesentlichen konzerninternen Geschäftsvorfälle (z.B. Beschaffung von Herstellungsleistungen, Einkauf von Waren, Dienstleistungserbringung, Darlehen, Finanz- und Erfüllungsgarantien, Lizenzen für immaterielle Werte usw.) sowie des Kontextes, in dem diese Geschäftsvorfälle stattfinden.
- Betrag der geleisteten und erhaltenen konzerninternen Zahlungen für jede Art konzerninterner Geschäftsvorfälle, an denen das inländische Unternehmen beteiligt ist (d.h. geleistete und erhaltene Zahlungen für Produkte, Dienstleistungen, Lizenzgebühren, Zinsen usw.), aufgeschlüsselt nach Steuerhoheitsgebiet des ausländischen Zahlungsleistenden oder Zahlungsempfängers).
- Identifizierung der verbundenen Unternehmen, die an den einzelnen Arten konzerninterner Geschäftsvorfälle beteiligt sind, und der Beziehungen zwischen ihnen.
- Kopien aller wesentlichen konzerninternen Vereinbarungen, die das inländische Unternehmen geschlossen hat.

- Detaillierte Vergleichbarkeits- und Funktionsanalyse des Steuerpflichtigen und relevanter verbundener Unternehmen in Bezug auf alle dokumentierten Arten von konzerninternen Geschäftsvorfällen, einschließlich aller Veränderungen im Vergleich zu den Vorjahren[1].
- Hinweis auf die geeignetste Verrechnungspreismethode in Bezug auf die jeweils betrachtete Art des konzerninternen Geschäftsvorfalls und die Gründe für die Auswahl dieser Methode.
- Hinweis auf das verbundene Unternehmen, das gegebenenfalls als untersuchtes Unternehmen gewählt wird, sowie Erläuterung der Gründe für dessen Auswahl.
- Zusammenfassung der wichtigen Annahmen, die bei der Anwendung der Verrechnungspreismethode zu Grunde gelegt wurden.
- Gegebenenfalls Erläuterung der Gründe für die Durchführung einer Mehrjahresanalyse.
- Auflistung und Beschreibung gegebenenfalls ausgewählter (interner oder externer) vergleichbarer Fremdgeschäftsvorfälle und Angaben zu relevanten Finanzindikatoren für unabhängige Unternehmen, auf die sich die Verrechnungspreisanalyse stützt, einschließlich einer Beschreibung der angewandten Methode für die Vergleichswertsuche sowie der Herkunft dieser Angaben.
- Beschreibung aller zur Herstellung der Vergleichbarkeit vorgenommenen Anpassungen und Hinweis darauf, ob diese Anpassungen an den Ergebnissen des untersuchten Unternehmens, den Fremdvergleichsgeschäftsvorfällen oder an beidem vorgenommen wurden.
- Beschreibung der Gründe für die Schlussfolgerung, dass die relevanten Geschäftsvorfälle unter Anwendung der ausgewählten Verrechnungspreismethode fremdvergleichskonform vergütet wurden.
- Zusammenfassung der Finanzinformationen, die bei der Anwendung der Verrechnungspreismethode verwendet wurden.
- Kopie bestehender unilateraler und bilateraler/multilateraler APA sowie sonstiger steuerlicher Vorabzusagen („Tax Rulings"), an denen die inländische Steuerverwaltung nicht beteiligt ist und die mit weiter oben beschriebenen konzerninternen Geschäftsvorfällen in Zusammenhang stehen.

Finanzinformationen

- Jährliche Rechnungslegung des inländischen Unternehmens für das betreffende Wirtschaftsjahr. Falls ein geprüfter Jahresabschluss vorliegt, sollte dieser vorgelegt werden, andernfalls sollte ein existierender ungeprüfter Jahresabschluss vorgelegt werden.
- Informationen und Aufteilungsschlüssel, aus denen hervorgeht, wie die bei der Anwendung der Verrechnungspreismethode verwendeten Finanzdaten mit dem Jahresabschluss verknüpft werden können.
- Übersichtstabellen über die einschlägigen Finanzdaten der in der Analyse verwendeten Vergleichsgrößen und die Quellen, denen diese Daten entnommen wurden.

1. Soweit sich diese Funktionsanalyse mit Informationen in der Stammdokumentation deckt, reicht ein Querverweis auf die Stammdokumentation.

Anhang III zu Kapitel V

Verrechnungspreisdokumentation – Länderbezogener Bericht („Country-by-Country Report“)

A. Musterformular für den länderbezogenen Bericht

Tabelle 1 **Übersicht über die Aufteilung der Einkünfte, Steuern und Geschäftstätigkeiten nach Steuerhoheitsgebieten**

Name des multinationalen Konzerns:
Betrachtetes Wirtschaftsjahr:
Währung der angegebenen Beträge:

Steuerhoheitsgebiet	Umsatzerlöse			Vorsteuergewinn (-verlust)	Entrichtete Ertragsteuern (auf Kassenbasis)	Noch zu entrichtende Ertragsteuern (laufendes Jahr)	Ausgewiesenes Kapital	Einbehaltener Gewinn	Beschäftigtenzahl	Materielle Vermögenswerte (ohne flüssige Mittel)
	Fremde Unternehmen	Verbundene Unternehmen	Insgesamt							

Tabelle 2 **Auflistung aller Unternehmen des multinationalen Konzerns, die in den verschiedenen Gesamtangaben erfasst sind, nach Steuerhoheitsgebieten**

Name des multinationalen Konzerns: Betrachtetes Wirtschaftsjahr:															
Steuerhoheits-gebiet	Im Steuer-hoheitsgebiet ansässige Konzernunternehmen	Gründungsstaat oder Staat der Handelsregister-eintragung, falls abweichend vom Staat der steuerlichen Ansässigkeit	Wichtigste Geschäftstätigkeit(en)												
			Forschung und Entwicklung	Besitz oder Verwaltung von geistigem Eigentum	Einkauf oder Beschaffung	Verarbeitung oder Produktion	Verkauf, Marketing oder Vertrieb	Verwaltungs-, Management- oder Supportdienstleistungen	Erbringung von Dienstleistungen für fremde Dritte	Konzerninterne Finanzierung	Regulierte Finanzdienstleistungen	Versicherung	Besitz von Aktien oder anderen Wert-papieren mit Beteiligungscharakter	Ruhend	Sonstige[1]
	1.														
	2.														
	3.														
	1.														
	2.														
	3.														

1. Bitte Art der Tätigkeit des Konzernunternehmens im Abschnitt „Zusätzliche Informationen“ angeben.

Tabelle 3 **Zusätzliche Informationen**

Name des multinationalen Konzerns: Betrachtetes Wirtschaftsjahr:
Bitte geben Sie hier kurz alle weiteren Informationen oder Erläuterungen an, die Sie für notwendig erachten oder die das Verständnis der vorgeschriebenen Informationen im länderbezogenen Bericht erleichtern können.

B. Musterformular für den länderbezogenen Bericht – Allgemeine Erläuterungen

Zweck

Der vorliegende Anhang III zu Kapitel V dieser Leitlinien enthält ein Musterformular für die Berichterstattung über die Aufteilung der Einkünfte, Steuern und Geschäftstätigkeiten eines multinationalen Konzerns auf die einzelnen Steuerhoheitsgebiete. Diese Erläuterungen sind fester Bestandteil des Musterformulars für den länderbezogenen Bericht.

Begriffsbestimmungen

Berichtendes multinationales Unternehmen

Ein berichtendes multinationales Unternehmen ist die oberste Muttergesellschaft eines multinationalen Konzerns.

Konzernunternehmen

Für die Zwecke von Anhang III ist ein „Konzernunternehmen" bzw. eine Geschäftseinheit des multinationalen Konzerns *i)* eine eigenständige Geschäftseinheit des multinationalen Konzerns, die für Rechnungslegungszwecke in den Konzernabschluss einbezogen wird oder darin einbezogen würde, wenn Eigenkapitalbeteiligungen an dieser Geschäftseinheit des multinationalen Konzerns an einer öffentlichen Wertpapierbörse gehandelt würden, *ii)* eine solche Geschäftseinheit, die nur auf Grund ihrer Größe oder nur aus Wesentlichkeitsgründen nicht in den Konzernabschluss einbezogen wird, oder *iii)* eine Betriebsstätte einer unter Ziffer *i* oder *ii* fallenden eigenständigen Geschäftseinheit des Konzerns, sofern die Geschäftseinheit für Rechnungslegungs-, Aufsichts-, Steuer- oder interne Steuerungszwecke einen Einzelabschluss für diese Betriebsstätte aufstellt.

Behandlung von Zweigniederlassungen und Betriebsstätten

Die Betriebsstättendaten sollten in Bezug auf das Steuerhoheitsgebiet geliefert werden, in dem sich die Betriebsstätte befindet, und nicht in Bezug auf den Staat der steuerlichen Ansässigkeit der Geschäftseinheit, der sie angehört. In der Berichterstattung gegenüber dem Staat der steuerlichen Ansässigkeit der Geschäftseinheit, der die Betriebsstätte angehört, sollten keine Finanzdaten zu dieser Betriebsstätte enthalten sein.

Konzernabschluss

Der Konzernabschluss ist der Jahresabschluss eines multinationalen Konzerns, in dem die Forderungen, Verbindlichkeiten, Einkünfte, Aufwendungen und Kapitalflüsse der obersten Muttergesellschaft und der Konzernunternehmen als die einer einzigen wirtschaftlichen Einheit dargestellt werden.

Betrachtungszeitraum des Musterformulars für die jährliche Berichterstattung

Das Formular sollte sich auf das Wirtschaftsjahr des berichtenden multinationalen Unternehmens beziehen. Für Konzernunternehmen sollte das Formular nach Ermessen des berichtenden multinationalen Unternehmens entweder *i)* Informationen für das Wirtschaftsjahr der jeweils betrachteten Konzernunternehmen, das am selben Tag endet wie das Wirtschaftsjahr des berichtenden multinationalen Unternehmens oder das in einem Zeitraum von 12 Monaten vor diesem Datum endet, oder *ii)* Informationen für alle betrachteten Konzernunternehmen für das Wirtschaftsjahr des berichtenden multinationalen Unternehmens liefern.

Datenquellen

Das berichtende multinationale Unternehmen sollte beim Ausfüllen des Formulars Jahr für Jahr konsistent die gleichen Datenquellen verwenden. Dem berichtenden multinationalen Unternehmen ist freigestellt, Daten aus seiner Konzernberichterstattung, aus den gesetzlich vorgesehenen Jahresabschlüssen der einzelnen Unternehmen, aus für aufsichtsrechtliche Zwecke erstellten Abschlüssen oder aus seiner internen Rechnungslegung zu verwenden. Es ist nicht notwendig, die Angaben zu Umsatzerlösen, Gewinnen und Steuern im Musterformular mit dem Konzernabschluss in Einklang zu bringen. Wenn gesetzlich vorgeschriebene Jahresabschlüsse als Grundlage für die Berichterstattung dienen, sollten sämtliche Beträge in die ausgewiesene funktionale Währung des berichtenden multinationalen Unternehmens umgerechnet werden, wobei der durchschnittliche Wechselkurs des im Abschnitt „Zusätzliche Informationen“ des Musterformulars angegebenen Jahres zu Grunde zu legen ist. Allerdings müssen keine Anpassungen zur Berücksichtigung von Unterschieden zwischen den in den verschiedenen Steuerhoheitsgebieten angewandten Rechnungslegungsgrundsätzen vorgenommen werden.

Das berichtende multinationale Unternehmen sollte im Abschnitt „Zusätzliche Informationen“ des Musterformulars eine kurze Beschreibung der Datenquellen liefern, auf die zum Ausfüllen des Formulars zurückgegriffen wurde. Kommt es von einem Jahr zum nächsten zu Änderungen bei den Datenquellen, sollte das berichtende multinationale Unternehmen die Gründe dieser Änderungen sowie deren Konsequenzen im Abschnitt „Zusätzliche Informationen“ des Musterformulars erläutern.

C. Musterformular für den länderbezogenen Bericht – Spezielle Erläuterungen

Übersicht über die Aufteilung der Einkünfte, Steuern und Geschäftstätigkeiten nach Steuerhoheitsgebieten (Tabelle 1)

Steuerhoheitsgebiet

In der ersten Spalte des Musterformulars sollte das berichtende multinationale Unternehmen alle Steuerhoheitsgebiete auflisten, in denen Geschäftseinheiten des multinationalen Konzerns steuerlich ansässig sind. Ein Steuerhoheitsgebiet ist definiert als ein Gebiet, das über fiskalische Autonomie verfügt, sei es ein Staat oder nicht. Eine gesonderte Zeile sollte für alle Geschäftseinheiten des multinationalen Konzerns aufgenommen werden, die nach Ansicht des berichtenden multinationalen Unternehmens in keinem Steuerhoheitsgebiet steuerlich ansässig sind. Wenn ein Konzernunternehmen in mehr als einem Steuerhoheitsgebiet ansässig ist, sollte die Kollisionsregel des geltenden Doppelbesteuerungsabkommens angewandt werden, um den Staat der steuerlichen Ansässigkeit zu bestimmen. Wenn kein anwendbares Doppelbesteuerungsabkommen vorliegt, sollte das Konzernunternehmen im Steuerhoheitsgebiet des Orts seiner tatsächlichen Geschäftsleitung gemeldet werden. Der Ort der tatsächlichen Geschäftsleitung sollte im Einklang mit Artikel 4 des OECD-Musterabkommens und des begleitenden Kommentars bestimmt werden.

Umsatzerlöse

In den drei Spalten unter der Überschrift „Umsatzerlöse“ des Musterformulars sollte das berichtende multinationale Unternehmen die folgenden Angaben liefern: *i)* Summe der Umsatzerlöse aller Geschäftseinheiten des multinationalen Konzerns im jeweils betrachteten Steuerhoheitsgebiet, die durch Geschäftsvorfälle mit verbundenen Unternehmen erzielt wurden, *ii)* Summe der Umsatzerlöse aller Geschäftseinheiten des multinationalen Konzerns im jeweils betrachteten Steuerhoheitsgebiet, die durch Geschäftsvorfälle mit fremden Dritten erzielt wurden und *iii)* Summe von *i)* und *ii)*. Die Umsatzerlöse sollten Erlöse aus dem Verkauf von Vorratsvermögen und Liegenschaften, aus Dienstleistungen, Lizenzgebühren, Zinsen, Prämien sowie alle etwaigen sonstigen Beträge umfassen. Nicht unter den Umsatzerlösen erfasst werden sollten von anderen Konzernunternehmen bezogene Zahlungen, die im Steuerhoheitsgebiet des Zahlungsleisters als Dividenden behandelt werden.

Vorsteuergewinn (-verlust)

In der fünften Spalte des Musterformulars sollte das berichtende multinationale Unternehmen die Summe der Vorsteuergewinne/-verluste aller Konzernunternehmen angeben, die im jeweils betrachteten Steuerhoheitsgebiet steuerlich ansässig sind. Der Vorsteuergewinn/-verlust sollte alle außerordentlichen Einnahmen- und Ausgabenposten mit einbeziehen.

Entrichtete Ertragsteuer (auf Kassenbasis)

In der sechsten Spalte des Musterformulars sollte das berichtende multinationale Unternehmen den Gesamtbetrag der von allen im jeweils betrachteten Steuerhoheitsgebiet steuerlich ansässigen Konzernunternehmen während des betreffenden Wirtschaftsjahrs tatsächlich entrichteten Ertragsteuer angeben. Die entrichteten Steuern sollten die von dem betreffenden Konzernunternehmen an das Steuerhoheitsgebiet, in dem es steuerlich ansässig ist, sowie an alle anderen Steuerhoheitsgebiete direkt entrichteten Steuern umfassen. Die entrichteten Steuern sollten auch die von anderen Geschäftseinheiten (verbundenen und konzernfremden Unternehmen) in Bezug auf Zahlungen an das Konzernunternehmen entrichteten Quellensteuern umfassen. Wenn ein im Steuerhoheitsgebiet A ansässiges Unternehmen A Zinseinnahmen im Steuerhoheitsgebiet B bezieht, sollte die im Steuerhoheitsgebiet B einbehaltene Quellensteuer somit von Unternehmen A ausgewiesen werden.

Noch zu entrichtende Ertragsteuer (laufendes Jahr)

In der siebten Spalte des Musterformulars sollte das berichtende multinationale Unternehmen die Summe der noch zu entrichtenden laufenden Steueraufwendungen auf zu versteuernde Gewinne oder Verluste des Berichtsjahres aller Konzernunternehmen angeben, die im jeweils betrachteten Steuerhoheitsgebiet steuerlich ansässig sind. Die laufenden Steueraufwendungen sollten nur Tätigkeiten des laufenden Jahres entsprechen und keine latenten Steuern oder Rückstellungen für ungewisse Steuerverbindlichkeiten umfassen.

Ausgewiesenes Kapital

In der achten Spalte des Musterformulars sollte das berichtende multinationale Unternehmen die Summe des ausgewiesenen Kapitals aller Konzernunternehmen angeben, die im jeweils betrachteten Steuerhoheitsgebiet steuerlich ansässig sind. In Bezug auf Betriebsstätten sollte das ausgewiesene Kapital von der juristischen Person angegeben werden, zu der die jeweils betrachtete Betriebsstätte gehört, es sei denn, im Betriebsstättenstaat bestünde eine aufsichtsrechtliche Eigenkapitalanforderung.

Einbehaltener Gewinn

In der neunten Spalte des Musterformulars sollte das berichtende multinationale Unternehmen die Summe der gesamten einbehaltenen Gewinne aller Konzernunternehmen, die im jeweils betrachteten Steuerhoheitsgebiet steuerlich ansässig sind, mit Stand zum Jahresende angeben. In Bezug auf Betriebsstätten sollten die einbehaltenen Gewinne von der juristischen Person angegeben werden, zu der die jeweils betrachtete Betriebsstätte gehört.

Beschäftigtenzahl

In der zehnten Spalte des Musterformulars sollte das berichtende multinationale Unternehmen die Gesamtzahl der Beschäftigten (in Vollzeitäquivalenten) aller Konzernunternehmen angeben, die im jeweils betrachteten Steuerhoheitsgebiet steuerlich ansässig sind. Die Beschäftigtenzahl kann zum Jahresendstand, auf Basis des Durchschnitts für das betreffende Jahr oder nach jedem anderen Prinzip, das von Jahr zu Jahr für alle Steuerhoheitsgebiete konsistent angewandt wird, angegeben werden. Unabhängige Auftragnehmer, die an der regulären Geschäftstätigkeit des jeweils betrachteten Konzernunternehmens mitwirken, können dabei als Beschäftigte gezählt werden. Sachgerecht auf- bzw. abgerundete oder ungefähre Angaben der Beschäftigtenzahl sind zulässig – vorausgesetzt die Auf- bzw. Abrundung oder Approximation führt nicht zu einer wesentlichen Verzerrung der relativen Verteilung der Beschäftigten auf die verschiedenen Steuerhoheitsgebiete. Die angewandten Methoden sollten von Jahr zu Jahr sowie für die verschiedenen Konzernunternehmen konsistent sein.

Materielle Vermögenswerte (ohne flüssige Mittel)

In der elften Spalte des Musterformulars sollte das berichtende multinationale Unternehmen die Summe des Nettobuchwerts der materiellen Vermögenswerte aller Konzernunternehmen angeben, die im jeweils betrachteten Steuerhoheitsgebiet steuerlich ansässig sind. In Bezug auf Betriebsstätten sollten die Vermögenswerte unter dem Steuerhoheitsgebiet angegeben werden, in dem sich die jeweilige Betriebsstätte befindet. Materielle Vermögenswerte umfassen für die Zwecke dieser Spalte keine flüssigen Mittel, immateriellen Werte oder Finanzwerte.

Auflistung aller Unternehmen des multinationalen Konzerns, die in den verschiedenen Gesamtangaben erfasst sind, nach Steuerhoheitsgebieten (Tabelle 2)

Im Steuerhoheitsgebiet ansässige Konzernunternehmen

Das berichtende multinationale Unternehmen sollte für die einzelnen Steuerhoheitsgebiete und unter Nennung des juristischen Namens alle Geschäftseinheiten des multinationalen Konzerns angeben, die im jeweils betrachteten Steuerhoheitsgebiet steuerlich ansässig sind. In Bezug auf Betriebsstätten gilt jedoch, wie weiter oben erwähnt, dass die jeweils betrachtete Betriebsstätte unter dem Steuerhoheitsgebiet aufgelistet werden sollte, in dem sie sich befindet. Dabei sollte die juristische Person genannt werden, deren Betriebsstätte sie ist (z.B. Unternehmen XYZ – Steuerhoheitsgebiet A Betriebsstätte).

Gründungsstaat oder Staat der Handelsregistereintragung, falls abweichend vom Staat der steuerlichen Ansässigkeit

Das berichtende multinationale Unternehmen sollte den Namen des Steuerhoheitsgebiets angeben, nach dessen Rechtsvorschriften die jeweils betrachtete Geschäftseinheit des multinationalen Konzerns gegründet bzw. im Handelsregister eingetragen wurde, falls es sich dabei um ein anderes Steuerhoheitsgebiet als den Staat der steuerlichen Ansässigkeit handelt.

Wichtigste Geschäftstätigkeit(en)

Das berichtende multinationale Unternehmen sollte die Art der wichtigsten Geschäftstätigkeit(en) bestimmen, der bzw. denen das Konzernunternehmen im jeweils betrachteten Steuerhoheitsgebiet nachgeht, indem es eine oder mehrere zutreffende Kategorien ankreuzt.

Geschäftstätigkeiten
Forschung und Entwicklung
Besitz oder Verwaltung von geistigem Eigentum
Einkauf oder Beschaffung
Verarbeitung oder Produktion
Verkauf, Marketing oder Vertrieb
Verwaltungs-, Management- oder Supportdienstleistungen
Erbringung von Dienstleistungen für fremde Dritte
Konzerninterne Finanzierung
Regulierte Finanzdienstleistungen
Versicherung
Besitz von Aktien oder anderen Wertpapieren mit Beteiligungscharakter
Ruhend
Sonstige[1]

1. Bitte Art der Tätigkeit der Konzerneinheit im Abschnitt „Zusätzliche Informationen" angeben.

Anhang IV zu Kapitel V

Umsetzungspaket zur länderbezogenen Berichterstattung

Einleitung

Zur Vereinfachung einer einheitlichen und zügigen Umsetzung der länderbezogenen Berichterstattung im Rahmen von Punkt 13 des *Aktionsplans zur Bekämpfung der Gewinnverkürzung und Gewinnverlagerung* (BEPS-Aktionsplan, OECD, 2014a) haben sich die am BEPS-Projekt von OECD und G20 beteiligten Staaten auf ein Umsetzungspaket zur länderbezogenen Berichterstattung verständigt. Dieses besteht aus *i)* einer Mustervorschrift, die die Staaten verwenden können, um die obersten Muttergesellschaften multinationaler Konzerne zur Vorlage des länderbezogenen Berichts in ihrem Ansässigkeitsstaat zu verpflichten und gegebenenfalls alternative Vorlagepflichten festzulegen, sowie *ii)* drei Mustern für Vereinbarungen zwischen den zuständigen Behörden, die die Durchführung des Austauschs der länderbezogenen Berichte auf der Grundlage 1) des Übereinkommens über die gegenseitige Amtshilfe in Steuersachen, 2) von Doppelbesteuerungsabkommen und 3) von Steuerinformationsabkommen (TIEA) vereinfachen sollen. Es wird anerkannt, dass Entwicklungsländer zur wirksamen Umsetzung der länderbezogenen Berichterstattung auf Unterstützung angewiesen sein könnten.

Muster für eine Rechtsvorschrift

Die im Umsetzungspaket zur länderbezogenen Berichterstattung enthaltene Mustervorschrift berücksichtigt weder das Verfassungsrecht und Rechtssystem noch den Aufbau und die Terminologie des Steuerrechts bestimmter Staaten. Die Staaten können dieses Muster an ihre eigenen Rechtssysteme anpassen, wenn bestehende Rechtsvorschriften geändert werden müssen.

Vereinbarungen zwischen den zuständigen Behörden

Nach Artikel 6 des Übereinkommens über die gegenseitige Amtshilfe in Steuersachen („Übereinkommen") müssen sich die zuständigen Behörden der Vertragsparteien des Übereinkommens einvernehmlich auf den Umfang des automatischen Informationsaustauschs und das anzuwendende Verfahren dafür verständigen. Im Zusammenhang mit dem gemeinsamen Meldestandard wurde diese Verpflichtung in Form einer mehrseitigen Vereinbarung zwischen den zuständigen Behörden erfüllt, in der der Umfang, der Zeitplan und die Verfahren des automatischen Austauschs sowie die zu treffenden Schutzvorkehrungen geregelt sind.

Da sich die Durchführung des automatischen Informationsaustauschs auf der Grundlage einer mehrseitigen Vereinbarung zwischen den zuständigen Behörden beim gemeinsamen Meldestandard als zeit- und ressourcensparend erwiesen hat, könnte für die Umsetzung des automatischen Informationsaustauschs im Zusammenhang mit länderbezogenen Berichten derselbe Ansatz gewählt werden. Daher wurde die Mehrseitige Vereinbarung zwischen den zuständigen Behörden über den Austausch länderbezogener Berichte („CbC MCAA“) erarbeitet, die auf dem Übereinkommen beruht und sich an der Mehrseitigen Vereinbarung zwischen den zuständigen Behörden orientiert, die zur Umsetzung des gemeinsamen Meldestandards geschlossen wurde. Darüber hinaus wurden für den Austausch länderbezogener Berichte zwei weitere Muster für Vereinbarungen zwischen den zuständigen Behörden erarbeitet – eines für den Austausch auf der Grundlage von Doppelbesteuerungsabkommen und eines für den Austausch auf der Grundlage von Steuerinformationsabkommen.

Laut Ziffer 5 von Kapitel V dieser Leitlinien besteht eines der drei Ziele der Verrechnungspreisdokumentation darin, den Steuerverwaltungen die Informationen zur Verfügung zu stellen, die sie für eine sachkundige Abschätzung der Risiken im Zusammenhang mit der Verrechnungspreisbestimmung benötigen; weiterhin heißt es in Ziffer 10 von Kapitel V dieser Leitlinien, dass eine effektive Identifizierung und Bewertung der Risiken ein wesentlicher erster Schritt bei der Auswahl der richtigen Fälle für Verrechnungspreisprüfungen ist. Die länderbezogenen Berichte, die auf der Grundlage der im vorliegenden Umsetzungspaket zur länderbezogenen Berichterstattung enthaltenen Muster für Vereinbarungen zwischen den zuständigen Behörden übermittelt werden, bilden einen der drei Bestandteile der Verrechnungspreisdokumentation und werden laut den Ziffern 16, 17 und 25 von Kapitel V dieser Leitlinien den Steuerverwaltungen sachdienliche und verlässliche Informationen zur Durchführung einer effizienten und belastbaren Verrechnungspreisrisikoanalyse liefern. Vor diesem Hintergrund sollen die Muster für Vereinbarungen zwischen den zuständigen Behörden den Rahmen schaffen, innerhalb dessen die im länderbezogenen Bericht enthaltenen Informationen den betroffenen Steuerbehörden zur Verfügung gestellt werden, da diese Informationen für die Pflege und Durchsetzung ihrer Steuergesetze mittels des automatischen Informationsaustauschs voraussichtlich relevant sein werden.

Zweck des CbC MCAA ist die Festlegung von Vorschriften und Verfahren, die die zuständigen Behörden von Staaten, die BEPS-Aktionspunkt 13 umsetzen, möglicherweise benötigen, um länderbezogene Berichte, die vom berichtenden Rechtsträger eines multinationalen Konzerns angefertigt und jährlich bei den Steuerbehörden des Staats der steuerlichen Ansässigkeit dieses Rechtsträgers eingereicht werden, automatisch auszutauschen mit den Steuerbehörden aller Staaten, in denen der multinationale Konzern tätig ist.

In den meisten Bestimmungen entspricht der Wortlaut im Wesentlichen dem der Mehrseitigen Vereinbarung zwischen den zuständigen Behörden für den Informationsaustausch im Rahmen des gemeinsamen Meldestandards. Sofern erforderlich, wurde der Wortlaut ergänzt oder angepasst, um die Handreichungen zur länderbezogenen Berichterstattung in Kapitel V dieser Leitlinien zu berücksichtigen.

Im nächsten Schritt soll ein XML-Schema mit einem dazugehörigen Benutzerhandbuch für den elektronischen Austausch länderbezogener Berichte erstellt werden.

Muster für eine Rechtsvorschrift zur länderbezogenen Berichterstattung

Artikel 1
Begriffsbestimmungen

Im Sinne dieses [Gesetzestitel] haben die folgenden Ausdrücke folgende Bedeutung:

1. Der Ausdruck **„Konzern"** bedeutet eine Gruppe von Unternehmen, die durch Eigentum oder Beherrschung verbunden sind, so dass die Gruppe entweder nach den geltenden Rechnungslegungsgrundsätzen zur Aufstellung eines Konzernabschlusses für Rechnungslegungszwecke verpflichtet ist oder dazu verpflichtet wäre, wenn Eigenkapitalbeteiligungen an einem der Unternehmen an einer öffentlichen Wertpapierbörse gehandelt würden.

2. Der Ausdruck **„multinationaler Konzern"** bedeutet einen Konzern, der *i)* zwei oder mehr Unternehmen umfasst, deren steuerliche Ansässigkeit in unterschiedlichen Staaten liegt, oder ein Unternehmen, das in einem Staat steuerlich ansässig ist und in einem anderen Staat mit der durch eine Betriebsstätte ausgeübten Geschäftstätigkeit steuerpflichtig ist, und der *ii)* kein freigestellter multinationaler Konzern ist.

3. Der Ausdruck **„freigestellter multinationaler Konzern"** bedeutet in Bezug auf ein Wirtschaftsjahr dieses Konzerns einen Konzern, dessen konsolidierter Gesamtumsatzerlös in dem Wirtschaftsjahr, das dem Berichtswirtschaftsjahr unmittelbar voranging, laut seinem Konzernabschluss für dieses vorangegangene Wirtschaftsjahr weniger als [750 Mio. Euro] / [Betrag in der Landeswährung einfügen, der im Januar 2015 ungefähr 750 Mio. Euro entsprach] betrug.

4. Der Ausdruck **„Konzernunternehmen"** bedeutet *i)* eine eigenständige Geschäftseinheit eines multinationalen Konzerns, die für Rechnungslegungszwecke in den Konzernabschluss des multinationalen Konzerns einbezogen wird oder darin einbezogen würde, wenn Eigenkapitalbeteiligungen an dieser Geschäftseinheit eines multinationalen Konzerns an einer öffentlichen Wertpapierbörse gehandelt würden, *ii)* eine solche Geschäftseinheit, die nur auf Grund ihrer Größe oder nur aus Wesentlichkeitsgründen nicht in den Konzernabschluss des multinationalen Konzerns einbezogen wird, oder *iii)* eine Betriebsstätte einer unter Ziffer *i)* oder *ii)* fallenden eigenständigen Geschäftseinheit eines multinationalen Konzerns, sofern die Geschäftseinheit für Rechnungslegungs-, Aufsichts-, Steuer- oder interne Steuerungszwecke einen Einzelabschluss für diese Betriebsstätte aufstellt.

5. Der Ausdruck **„berichtender Rechtsträger"** bedeutet das Konzernunternehmen, das verpflichtet ist, im Staat seiner steuerlichen Ansässigkeit für den multinationalen Konzern einen länderbezogenen Bericht vorzulegen, der den in Artikel 4 genannten Vorgaben entspricht. Der berichtende Rechtsträger kann die oberste Muttergesellschaft, die vertretende Muttergesellschaft oder ein Konzernunternehmen nach Artikel 2 Absatz 2 sein.

6. Der Ausdruck **„oberste Muttergesellschaft"** bedeutet ein Unternehmen eines multinationalen Konzerns, das folgende Kriterien erfüllt:

i) Es verfügt unmittelbar oder mittelbar über eine ausreichende Beteiligung an einem oder mehreren anderen Unternehmen des multinationalen Konzerns, so dass es nach den im Staat seiner steuerlichen Ansässigkeit allgemein angewandten Rechnungslegungsgrundsätzen zur Aufstellung eines Konzernabschlusses verpflichtet ist oder dazu verpflichtet wäre, wenn seine Eigenkapitalbeteiligungen im Staat seiner steuerlichen Ansässigkeit an einer öffentlichen Wertpapierbörse gehandelt würden, und

ii) es gibt kein anderes Unternehmen des multinationalen Konzerns, das unmittelbar oder mittelbar über eine Beteiligung nach Ziffer *i)* am erstgenannten Konzernunternehmen verfügt.

7. Der Ausdruck **„vertretende Muttergesellschaft"** bedeutet ein Unternehmen des multinationalen Konzerns, das von diesem dazu bestimmt wurde, als alleiniger Vertreter der obersten Muttergesellschaft im Staat seiner steuerlichen Ansässigkeit für den multinationalen Konzern den länderbezogenen Bericht vorzulegen, sofern eine oder mehrere der in Artikel 2 Absatz 2 Ziffer *ii)* festgelegten Voraussetzungen erfüllt sind.

8. Der Ausdruck **„Wirtschaftsjahr"** bedeutet einen jährlichen Rechnungslegungszeitraum, für den die oberste Muttergesellschaft des multinationalen Konzerns ihren Jahresabschluss aufstellt.

9. Der Ausdruck **„Berichtswirtschaftsjahr"** bedeutet das Wirtschaftsjahr, dessen finanzielle und operative Ergebnisse im länderbezogenen Bericht nach Artikel 4 angegeben sind.

10. Der Ausdruck „qualifizierte Vereinbarung zwischen den zuständigen Behörden" bedeutet eine Vereinbarung, die *i)* zwischen bevollmächtigten Vertretern der Staaten geschlossen wurde, die Vertragsparteien einer internationalen Übereinkunft sind, und die *ii)* den automatischen Austausch länderbezogener Berichte zwischen den Vertragsstaaten vorsieht.

11. Der Ausdruck **„internationale Übereinkunft"** bedeutet das Übereinkommen über die gegenseitige Amtshilfe in Steuersachen, ein zwei- oder mehrseitiges Doppelbesteuerungsabkommen oder ein Steuerinformationsabkommen, dem [Staat] angehört und mit dem eine Rechtsgrundlage für den Austausch von Steuerinformationen, einschließlich des automatischen Austauschs solcher Informationen, zwischen verschiedenen Staaten geschaffen wird.

12. Der Ausdruck **„Konzernabschluss"** bedeutet den Jahresabschluss eines multinationalen Konzerns, in dem die Forderungen, Verbindlichkeiten, Einkünfte, Aufwendungen und Kapitalflüsse der obersten Muttergesellschaft und der Konzernunternehmen als die einer einzigen wirtschaftlichen Einheit dargestellt werden.

13. Der Ausdruck **„systemisches Scheitern"** bedeutet in Bezug auf einen Staat, dass zwischen diesem Staat und [Staat] zwar eine wirksame qualifizierte Vereinbarung zwischen den zuständigen Behörden besteht, er den automatischen Austausch (aus anderen als den in der Vereinbarung vorgesehenen Gründen) jedoch ausgesetzt hat oder es anderweitig regelmäßig versäumt hat, [Staat] in seinem Besitz befindliche länderbezogene Berichte multinationaler Konzerne, die in [Staat] über Konzernunternehmen verfügen, automatisch zu übermitteln.

Artikel 2
Vorlagepflicht

1. Jede oberste Muttergesellschaft eines multinationalen Konzerns, der in [Staat] steuerlich ansässig ist, legt [Steuerverwaltung des Staates] für ihr Berichtswirtschaftsjahr innerhalb der in Artikel 5 festgelegten Frist einen länderbezogenen Bericht vor, der den in Artikel 4 genannten Vorgaben entspricht.

2. Ein Konzernunternehmen, das nicht die oberste Muttergesellschaft eines multinationalen Konzerns ist, legt [Steuerverwaltung des Staates] für das Berichtswirtschaftsjahr eines multinationalen Konzerns, dem es angehört, innerhalb der in Artikel 5 festgelegten Frist einen länderbezogenen Bericht vor, der den in Artikel 4 genannten Vorgaben entspricht, sofern die folgenden Kriterien erfüllt sind:

i) Das Konzernunternehmen ist in [Staat] steuerlich ansässig und

ii) eine der folgenden Voraussetzungen ist erfüllt:

a) Die oberste Muttergesellschaft des multinationalen Konzerns ist im Staat ihrer steuerlichen Ansässigkeit nicht zur Vorlage eines länderbezogenen Berichts verpflichtet oder

b) der Staat, in dem die oberste Muttergesellschaft steuerlich ansässig ist, ist zwar Vertragspartei einer bestehenden internationalen Übereinkunft, der [Staat] angehört, ist bis zum Ende der in Artikel 5 festgelegten Frist für die Vorlage des länderbezogenen Berichts für das Berichtswirtschaftsjahr jedoch nicht Vertragspartei einer wirksamen qualifizierten Vereinbarung zwischen den zuständigen Behörden geworden, der [Staat] angehört, oder

c) es liegt ein systemisches Scheitern des Staates der steuerlichen Ansässigkeit der obersten Muttergesellschaft vor, über welches das in [Staat] steuerlich ansässige Konzernunternehmen von [Steuerverwaltung des Staates] unterrichtet wurde.

Sind mehrere Konzernunternehmen desselben multinationalen Konzerns in [Staat] steuerlich ansässig und sind eine oder mehrere der in Ziffer *ii)* genannten Voraussetzungen erfüllt, so kann der multinationale Konzern eines dieser Konzernunternehmen dazu bestimmen, [Steuerverwaltung des Staates] für ein Berichtswirtschaftsjahr innerhalb der in Artikel 5 festgelegten Frist den länderbezogenen Bericht vorzulegen, der den in Artikel 4 genannten Vorgaben entspricht, und [Steuerverwaltung des Staates] darüber zu unterrichten, dass damit die Vorlagepflicht aller in [Staat] steuerlich ansässigen Unternehmen des multinationalen Konzerns erfüllt sein soll.

3. Ungeachtet des Absatzes 2 ist ein Konzernunternehmen nach Absatz 2, wenn eine oder mehrere der Voraussetzungen nach Absatz 2 Ziffer ii erfüllt sind, nicht zur Vorlage eines länderbezogenen Berichts für ein Berichtswirtschaftsjahr bei [Steuerverwaltung des Staates] verpflichtet, sofern der multinationale Konzern, dem es angehört, für das betreffende Wirtschaftsjahr einen länderbezogenen Bericht, der den in Artikel 4 genannten Vorgaben entspricht, über eine vertretende Muttergesellschaft zur Verfügung gestellt hat, die den länderbezogenen Bericht innerhalb der in Artikel 5 festgelegten Frist der Steuerbehörde des Staates ihrer steuerlichen Ansässigkeit vorlegt und hinsichtlich der die folgenden Voraussetzungen erfüllt sind:

a) Im Staat der steuerlichen Ansässigkeit der vertretenden Muttergesellschaft ist die Vorlage länderbezogener Berichte vorgeschrieben, die den in Artikel 4 genannten Vorgaben entsprechen;

b) der Staat der steuerlichen Ansässigkeit der vertretenden Muttergesellschaft ist bis zum Ende der in Artikel 5 festgelegten Frist für die Vorlage des länderbezogenen Berichts für das Berichtswirtschaftsjahr Vertragspartei einer wirksamen qualifizierten Vereinbarung zwischen den zuständigen Behörden geworden, der [Staat] angehört;

c) der Staat der steuerlichen Ansässigkeit der vertretenden Muttergesellschaft hat [Steuerverwaltung des Staates] nicht über ein systemisches Scheitern unterrichtet;

d) der Staat der steuerlichen Ansässigkeit der vertretenden Muttergesellschaft wurde nach Artikel 3 Absatz 1 von dem in seinem Hoheitsgebiet steuerlich ansässigen Konzernunternehmen darüber unterrichtet, das es die vertretende Muttergesellschaft ist, und

e) Steuerverwaltung des Staates] wurde nach Artikel 3 Absatz 2 eine Benachrichtigung übermittelt.

Artikel 3
Unterrichtung

1. Ein Unternehmen eines multinationalen Konzerns, das in [Staat] steuerlich ansässig ist, unterrichtet [Steuerverwaltung des Staates] spätestens am [letzten Tag des Berichtswirtschaftsjahrs des multinationalen Konzerns] darüber, ob es die oberste Muttergesellschaft oder die vertretende Muttergesellschaft ist.

2. Ist ein Unternehmen eines multinationalen Konzerns, das in [Staat] steuerlich ansässig ist, nicht die oberste Muttergesellschaft oder die vertretende Muttergesellschaft, so unterrichtet es [Steuerverwaltung des Staates] spätestens am [letzten Tag des Berichtswirtschaftsjahrs des multinationalen Konzerns] darüber, wer der berichtende Rechtsträger ist und wo dieser steuerlich ansässig ist.

Artikel 4
Länderbezogener Bericht

1. Im Sinne dieses [Gesetzestitel] ist ein länderbezogener Bericht in Bezug auf einen multinationalen Konzern ein Bericht, der Folgendes enthält:

i) Gesamtangaben zur Höhe des Umsatzerlöses, des Vorsteuergewinns (-verlusts), der entrichteten Ertragsteuern, der noch zu entrichtenden Ertragsteuern, des ausgewiesenen Kapitals und des einbehaltenen Gewinns, zur Beschäftigtenzahl sowie zu den materiellen Vermögenswerten ohne flüssige Mittel in jedem Staat, in dem der multinationale Konzern tätig ist;

ii) den Namen jedes Unternehmens des multinationalen Konzerns unter Angabe des Staates seiner steuerlichen Ansässigkeit und, falls davon abweichend, des Staates, nach dessen Recht es gegründet wurde, sowie der Art seiner wichtigsten Geschäftstätigkeit – bzw. Geschäftstätigkeiten.

2. Der länderbezogene Bericht wird in einer dem Standardformular nach [Anhang III zu Kapitel V der OECD-Verrechnungspreisleitlinien in der jeweiligen gegebenenfalls geänderten Fassung] / [Anhang III des Berichts Verrechnungspreisdokumentation und länderbezogene Berichterstattung zu Punkt 13 des OECD/G20-Aktionsplans zur Bekämpfung der Gewinnverkürzung und Gewinnverlagerung] / [der Anlage zu diesem Gesetz] entsprechenden Form unter Anwendung der dazugehörigen Begriffsbestimmungen und Anleitungen vorgelegt.

Artikel 5
Vorlagefrist

Der nach diesem [Gesetzestitel] vorgeschriebene länderbezogene Bericht wird spätestens 12 Monate nach dem letzten Tag des Berichtswirtschaftsjahrs des multinationalen Konzerns vorgelegt.

Artikel 6
Verwendung und Vertraulichkeit der Informationen im länderbezogenen Bericht

1. [Steuerverwaltung des Staates] verwendet den länderbezogenen Bericht für eine allgemeine Bewertung der Verrechnungspreisrisiken und anderer Risiken im Zusammenhang mit Gewinnverkürzung und Gewinnverlagerung in [Staat], unter anderem für eine Bewertung des Risikos der Nichteinhaltung geltender Verrechnungspreisvorschriften durch Mitglieder des multinationalen Konzerns, sowie gegebenenfalls für wirtschaftliche und statistische Analysen. Verrechnungspreiskorrekturen durch [Steuerverwaltung des Staates] werden nicht auf dem länderbezogenen Bericht beruhen.

2. [Steuerverwaltung des Staates] wahrt die Vertraulichkeit der im länderbezogenen Bericht enthaltenen Informationen mindestens in dem Umfang, der gelten würde, wenn die Informationen im Rahmen des Übereinkommens über die gegenseitige Amtshilfe in Steuersachen erteilt würden.

Artikel 7
Strafen

Diese Mustervorschrift enthält keine Bestimmungen zu Strafen, die in dem Fall verhängt werden, dass ein berichtender Rechtsträger seinen Meldepflichten im Zusammenhang mit dem länderbezogenen Bericht nicht nachkommt. Es wird davon ausgegangen, dass die Staaten ihre bestehenden Strafregelungen zur Verrechnungspreisdokumentation auf die Pflicht zur Vorlage des länderbezogenen Berichts ausdehnen werden.

Artikel 8
Tag des Wirksamwerdens

Dieses [Gesetzestitel] gilt für Berichtswirtschaftsjahre multinationaler Konzerne mit Beginn an oder nach dem [1. Januar 2016].

Mehrseitige Vereinbarung zwischen den zuständigen Behörden über den Austausch länderbezogener Berichte

In der Erwägung, dass die Staaten der Unterzeichner der Mehrseitigen Vereinbarung zwischen den zuständigen Behörden über den Austausch länderbezogener Berichte („Vereinbarung") Vertragsparteien des Übereinkommens über die gegenseitige Amtshilfe in Steuersachen beziehungsweise des Übereinkommens über die gegenseitige Amtshilfe in Steuersachen in der durch das Protokoll geänderten Fassung („Übereinkommen") oder darunter fallende Hoheitsgebiete sind oder das Übereinkommen unterzeichnet oder ihre entsprechende Absicht bekundet haben und anerkennen, dass das Übereinkommen vor dem automatischen Austausch länderbezogener Berichte für sie in Kraft und wirksam sein muss,

in der Erwägung, dass ein Land, welches das Übereinkommen unterzeichnet oder seine entsprechende Absicht bekundet hat, erst ein Staat im Sinne des § 1 werden wird, wenn es Vertragspartei des Übereinkommens geworden ist,

in der Erwägung, dass die Staaten von dem Wunsch geleitet sind, durch den automatischen Austausch jährlicher länderbezogener Berichte die internationale steuerliche Transparenz zu erhöhen und den Zugang ihrer jeweiligen Steuerbehörden zu Informationen über die weltweite Verteilung der Einkünfte und der entrichteten Steuern sowie bestimmte Indikatoren für die Orte wirtschaftlicher Tätigkeit in den Steuergebieten, in denen multinationale Konzerne tätig sind, zu verbessern, um die Verrechnungspreisrisiken und andere Risiken im Zusammenhang mit Gewinnverkürzung und Gewinnverlagerung allgemein zu bewerten sowie gegebenenfalls für wirtschaftliche und statistische Analysen,

in der Erwägung, dass die Rechtsvorschriften der jeweiligen Staaten den berichtenden Rechtsträger eines multinationalen Konzerns verpflichten oder verpflichten sollen, jährlich einen länderbezogenen Bericht vorzulegen,

in der Erwägung, dass der länderbezogene Bericht Bestandteil einer dreistufigen Struktur sein soll, zusammen mit einer globalen Stammdokumentation und einer Einzeldokumentation, die gemeinsam einen standardisierten Ansatz für die Verrechnungspreisdokumentation darstellen, der den Steuerverwaltungen sachdienliche und verlässliche Informationen zur Durchführung einer effizienten und belastbaren Bewertungsanalyse des Verrechnungspreisrisikos liefern wird,

in der Erwägung, dass Kapitel III des Übereinkommens die Grundlage für den Informationsaustausch zu Steuerzwecken einschließlich des automatischen Informationsaustauschs schafft sowie den zuständigen Behörden der Staaten gestattet, den Umfang und die Modalitäten dieses automatischen Austauschs zu vereinbaren,

in der Erwägung, dass Artikel 6 des Übereinkommens vorsieht, dass zwei oder mehr Vertragsparteien einen automatischen Informationsaustausch einvernehmlich vereinbaren können, obgleich der eigentliche Informationsaustausch bilateral zwischen den zuständigen Behörden erfolgen wird,

in der Erwägung, dass die Staaten zum Zeitpunkt des ersten Austauschs länderbezogener Berichte über Folgendes verfügen werden oder verfügen sollen: *i)* geeignete

Schutzvorkehrungen zur Sicherstellung der vertraulichen Behandlung der nach dieser Vereinbarung erhaltenen Informationen und ihrer Verwendung für eine allgemeine Bewertung der Verrechnungspreisrisiken und anderer Risiken im Zusammenhang mit Gewinnverkürzung und Gewinnverlagerung sowie gegebenenfalls für wirtschaftliche und statistische Analysen nach § 5, *ii)* die Infrastruktur für eine wirksame Austauschbeziehung (einschließlich bestehender Verfahren zur Gewährleistung eines fristgerechten, fehlerfreien und vertraulichen Informationsaustauschs, wirksamer und zuverlässiger Übertragungswege sowie Ressourcen für die zügige Klärung von Fragen und Anliegen zum Austausch oder zu Auskunftsersuchen sowie für die Durchführung des § 4) und *iii)* die erforderlichen Rechtsvorschriften zur Verpflichtung der berichtenden Rechtsträger zur Vorlage länderbezogener Berichte,

in der Erwägung, dass die Staaten entschlossen sind, sich nach Artikel 24 Absatz 2 des Übereinkommens sowie § 6 Absatz 1 dieser Vereinbarung zu beraten mit dem Ziel, Fälle unerwünschter wirtschaftlicher Ergebnisse, auch für einzelne Unternehmen, zu regeln,

in der Erwägung, dass Verständigungsverfahren, beispielsweise auf der Grundlage eines zwischen den Staaten der zuständigen Behörden geschlossenen Doppelbesteuerungsabkommens, weiterhin Anwendung finden, wenn länderbezogene Berichte aufgrund dieser Vereinbarung ausgetauscht wurden,

in der Erwägung, dass die zuständigen Behörden der Staaten beabsichtigen, diese Vereinbarung zu schließen, und zwar unbeschadet (etwaiger) innerstaatlicher Gesetzgebungsverfahren sowie vorbehaltlich der im Übereinkommen vorgesehenen Vertraulichkeitsvorschriften und sonstigen Schutzvorkehrungen einschließlich der Bestimmungen, welche die Verwendung der danach ausgetauschten Informationen einschränken,

sind die zuständigen Behörden wie folgt übereingekommen:

§ 1
Begriffsbestimmungen

1. Im Sinne dieser Vereinbarung haben die nachstehenden Ausdrücke folgende Bedeutung:

   a) Der Ausdruck **„Staat"** bedeutet ein Land oder ein Hoheitsgebiet, für welches das Übereinkommen in Kraft und wirksam ist, entweder durch Ratifikation, Annahme oder Genehmigung nach Artikel 28 oder durch räumliche Erstreckung nach Artikel 29, und das ein Unterzeichner dieser Vereinbarung ist;

   b) der Ausdruck **„zuständige Behörde"** bedeutet für den jeweiligen Staat die in Anlage B des Übereinkommens aufgeführten Personen und Behörden;

   c) der Ausdruck **„Konzern"** bedeutet eine Gruppe von Unternehmen, die durch Eigentum oder Beherrschung verbunden sind, so dass die Gruppe entweder nach den geltenden Rechnungslegungsgrundsätzen zur Aufstellung eines Konzernabschlusses für Rechnungslegungszwecke verpflichtet ist oder dazu verpflichtet wäre, wenn Eigenkapitalbeteiligungen an einem der Unternehmen an einer öffentlichen Wertpapierbörse gehandelt würden;

   d) der Ausdruck **„multinationaler Konzern"** bedeutet einen Konzern, *i)* der zwei oder mehr Unternehmen umfasst, deren steuerliche Ansässigkeit in unterschiedlichen Staaten liegt, oder der ein Unternehmen umfasst, das in einem Staat steuerlich ansässig ist und in einem anderen Staat mit der durch eine Betriebsstätte ausgeübten Geschäftstätigkeit steuerpflichtig ist, und *ii)* der kein freigestellter multinationaler Konzern ist;

e) der Ausdruck **„freigestellter multinationaler Konzern"** bedeutet einen Konzern, der nicht zur Vorlage eines länderbezogenen Berichts verpflichtet ist, da der jährliche Umsatzerlös des Konzerns in dem Wirtschaftsjahr, das dem Berichtswirtschaftsjahr unmittelbar voranging, laut seinem Konzernabschluss für dieses vorangegangene Wirtschaftsjahr unter dem Schwellenwert liegt, der durch das innerstaatliche Recht des Staates festgelegt wurde und dem Bericht von 2015 in der nach der darin vorgesehenen Überprüfung im Jahr 2020 gegebenenfalls geänderten Fassung entspricht;

f) der Ausdruck **„Konzernunternehmen"** bedeutet *i)* eine eigenständige Geschäftseinheit eines multinationalen Konzerns, die für Rechnungslegungszwecke in den Konzernabschluss einbezogen wird oder darin einbezogen würde, wenn Eigenkapitalbeteiligungen an dieser Geschäftseinheit eines multinationalen Konzerns an einer öffentlichen Wertpapierbörse gehandelt würden, *ii)* eine eigenständige Geschäftseinheit, die nur aufgrund ihrer Größe oder nur aus Wesentlichkeitsgründen nicht in den Konzernabschluss des multinationalen Konzerns einbezogen wird, oder *iii)* eine Betriebsstätte einer unter Ziffer *i)* oder *ii)* fallenden eigenständigen Geschäftseinheit eines multinationalen Konzerns, sofern die Geschäftseinheit für Rechnungslegungs, Aufsichts, Steuer- oder interne Steuerungszwecke einen Einzelabschluss für diese Betriebsstätte aufstellt;

g) der Ausdruck **„berichtender Rechtsträger"** bedeutet das Konzernunternehmen, das aufgrund des innerstaatlichen Rechts im Staat seiner steuerlichen Ansässigkeit den länderbezogenen Bericht im Rahmen seiner Fähigkeit vorlegt, dies im Namen des multinationalen Konzerns zu tun;

h) der Ausdruck **„länderbezogener Bericht"** bedeutet den vom berichtenden Rechtsträger nach dem Recht des Staates seiner steuerlichen Ansässigkeit jährlich vorzulegenden länderbezogenen Bericht mit den nach diesem Recht zu meldenden Informationen zu den Posten und in dem Format, die im Bericht von 2015 in der nach der darin vorgesehenen Überprüfung im Jahr 2020 gegebenenfalls geänderten Fassung dargelegt sind;

i) der Ausdruck **„Bericht von 2015"** bedeutet den Abschlussbericht mit dem Titel *Verrechnungspreisdokumentation und länderbezogene Berichterstattung* zu Aktionspunkt 13 des OECD/G20-Aktionsplans zur Bekämpfung der Gewinnverkürzung und Gewinnverlagerung;

j) der Ausdruck **„Koordinierungsgremium"** bedeutet das Koordinierungsgremium des Übereinkommens, das sich nach Artikel 24 Absatz 3 des Übereinkommens aus Vertretern der zuständigen Behörden der Vertragsparteien des Übereinkommens zusammensetzt;

k) der Ausdruck **„Sekretariat des Koordinierungsgremiums"** bedeutet das OECD-Sekretariat, welches das Koordinierungsgremium unterstützt;

l) der Ausdruck **„wirksame Vereinbarung"** bedeutet in Bezug auf zwei zuständige Behörden, dass beide zuständigen Behörden ihre Absicht bekundet haben, miteinander automatisch Informationen auszutauschen, und die in § 8 Absatz 2 genannten weiteren Voraussetzungen erfüllt haben. Auf der OECD-Website ist eine Liste der zuständigen Behörden zu veröffentlichen, zwischen denen diese Vereinbarung wirksam ist.

2. Bei jeder Anwendung dieser Vereinbarung durch eine zuständige Behörde eines Staates wird jeder in dieser Vereinbarung nicht definierte Ausdruck, sofern der Zusammenhang

nichts anderes erfordert und die zuständigen Behörden sich nicht (im Rahmen ihres innerstaatlichen Rechts) auf eine gemeinsame Bedeutung einigen, die Bedeutung haben, die ihm zum jeweiligen Zeitpunkt nach dem Recht des diese Vereinbarung anwendenden Staates zukommt, wobei die Bedeutung nach dem in diesem Staat geltenden Steuerrecht Vorrang hat vor einer Bedeutung, die dem Ausdruck nach dem sonstigen Recht dieses Staates zukommt.

§ 2
Austausch von Informationen in Bezug auf multinationale Konzerne

1. Nach den Artikeln 6, 21 und 22 des Übereinkommens wird jede zuständige Behörde die von den einzelnen in ihrem Staat steuerlich ansässigen berichtenden Rechtsträgern erhaltenen länderbezogenen Berichte jährlich mit allen anderen zuständigen Behörden von Staaten automatisch austauschen, in Bezug auf die diese Vereinbarung wirksam ist und in denen laut Informationen im länderbezogenen Bericht ein oder mehrere Konzernunternehmen des multinationalen Konzerns des berichtenden Rechtsträgers entweder steuerlich ansässig oder mit der durch eine Betriebsstätte ausgeübten Geschäftstätigkeit steuerpflichtig sind.

2. Ungeachtet des Absatzes 1 werden die zuständigen Behörden der Staaten, die in ihrer Notifikation nach § 8 Absatz 1 Buchstabe b angegeben haben, dass sie als Staaten ohne Gegenseitigkeit aufzuführen sind, nach Absatz 1 länderbezogene Berichte übermitteln, jedoch keine länderbezogenen Berichte nach dieser Vereinbarung erhalten. Die zuständigen Behörden der nicht als Staaten ohne Gegenseitigkeit aufgeführten Staaten werden die in Absatz 1 genannten Informationen sowohl übermitteln als auch erhalten. Die zuständigen Behörden werden diese Informationen jedoch nicht an die zuständigen Behörden der in der Liste der Staaten ohne Gegenseitigkeit enthaltenen Staaten übermitteln.

§ 3
Zeitplan und Form des Informationsaustauschs

1. Für die Zwecke des Informationsaustauschs nach § 2 wird die Währung der im länderbezogenen Bericht enthaltenen Beträge angegeben werden.

2. Im Hinblick auf § 2 Absatz 1 ist ein länderbezogener Bericht erstmalig für das Wirtschaftsjahr des multinationalen Konzerns, das an dem von der zuständigen Behörde in der Notifikation nach § 8 Absatz 1 Buchstabe a angegebenen Tag oder danach beginnt, so bald wie möglich und spätestens 18 Monate nach dem letzten Tag dieses Wirtschaftsjahrs auszutauschen. Ungeachtet der vorstehenden Bestimmungen ist ein länderbezogener Bericht nur dann auszutauschen, wenn diese Vereinbarung für beide zuständigen Behörden wirksam ist und in ihren jeweiligen Staaten Rechtsvorschriften bestehen, denen zufolge länderbezogene Berichte für das Wirtschaftsjahr, auf das sich der länderbezogene Bericht bezieht, vorgelegt werden müssen, und die mit dem in § 2 vorgesehenen Austauschumfang vereinbar sind.

3. Vorbehaltlich des Absatzes 2 ist der länderbezogene Bericht so bald wie möglich und spätestens 15 Monate nach dem letzten Tag des Wirtschaftsjahrs des multinationalen Konzerns, auf den er sich bezieht, auszutauschen.

4. Die zuständigen Behörden werden die länderbezogenen Berichte über ein gemeinsames XML-Schema automatisch austauschen.

5. Die zuständigen Behörden werden auf ein oder mehrere elektronische Datenübertragungsverfahren einschließlich Verschlüsselungsstandards hinwirken und sich auf diese verständigen, um eine möglichst weitgehende Standardisierung zu erzielen sowie

Komplexität und Kosten möglichst gering zu halten, und werden dem Sekretariat des Koordinierungsgremiums diese standardisierten Übertragungs- und Verschlüsselungsverfahren notifizieren.

§ 4
Zusammenarbeit bei Einhaltung und Durchsetzung der Vereinbarung

Eine zuständige Behörde wird die andere zuständige Behörde unterrichten, wenn die erstgenannte zuständige Behörde in Bezug auf einen im Staat der anderen zuständigen Behörde steuerlich ansässigen berichtenden Rechtsträger Grund zu der Annahme hat, dass ein Fehler zu einer unrichtigen oder unvollständigen Informationsmeldung geführt haben könnte oder dass ein berichtender Rechtsträger seine Verpflichtung zur Vorlage eines länderbezogenen Berichts nicht einhält. Die unterrichtete zuständige Behörde wird nach ihrem innerstaatlichen Recht zur Verfügung stehende geeignete Maßnahmen ergreifen, um gegen die in der Unterrichtung beschriebenen Fehler oder Fälle von Nichteinhaltung vorzugehen.

§ 5
Vertraulichkeit, Datenschutzvorkehrungen und sachgemäße Verwendung

1. Alle ausgetauschten Informationen unterliegen den im Übereinkommen vorgesehenen Vertraulichkeitsvorschriften und sonstigen Schutzvorkehrungen einschließlich der Bestimmungen, welche die Verwendung der ausgetauschten Informationen einschränken.

2. Über die Einschränkungen in Absatz 1 hinaus wird die Verwendung der Informationen außerdem auf die in diesem Absatz beschriebenen zulässigen Verwendungen beschränkt werden. Insbesondere werden die durch den länderbezogenen Bericht erhaltenen Informationen für eine allgemeine Bewertung der Risiken im Zusammenhang mit Verrechnungspreisen, Gewinnverkürzung und Gewinnverlagerung sowie gegebenenfalls für wirtschaftliche und statistische Analysen verwendet werden. Die Informationen werden nicht als Ersatz für eine eingehende Verrechnungspreisanalyse einzelner Geschäftsvorfälle und Preise auf der Grundlage einer umfassenden Funktionsanalyse und einer umfassenden Vergleichbarkeitsanalyse verwendet werden. Es wird anerkannt, dass die Informationen im länderbezogenen Bericht für sich genommen keinen eindeutigen Nachweis für die Angemessenheit oder Nichtangemessenheit von Verrechnungspreisen darstellen und folglich Verrechnungspreiskorrekturen nicht auf dem länderbezogenen Bericht beruhen werden. Gegen diesen Absatz verstoßende unangemessene Korrekturen örtlicher Steuerverwaltungen werden in Verfahren der zuständigen Behörden zurückgenommen werden. Ungeachtet der vorstehenden Bestimmungen ist es nicht untersagt, die Daten des länderbezogenen Berichts im Rahmen einer Steuerprüfung als Grundlage für weitere Untersuchungen der Verrechnungspreisvereinbarungen des multinationalen Konzerns oder anderer Steuerangelegenheiten zu verwenden, und infolgedessen kann das zu versteuernde Einkommen eines Konzernunternehmens entsprechend berichtigt werden.

3. Soweit dies nach geltendem Recht zulässig ist, wird eine zuständige Behörde das Sekretariat des Koordinierungsgremiums unverzüglich über alle Fälle der Nichteinhaltung der Absätze 1 und 2 einschließlich aller Gegenmaßnahmen sowie über alle in Bezug auf die Nichteinhaltung der oben genannten Absätze ergriffenen Maßnahmen unterrichten. Das Sekretariat des Koordinierungsgremiums wird sämtliche zuständigen Behörden unterrichten, für die diese Vereinbarung eine wirksame Vereinbarung mit der erstgenannten zuständigen Behörde darstellt.

§ 6
Konsultationen

1. Falls eine Berichtigung des zu versteuernden Einkommens eines Konzernunternehmens als Folge weiterer Untersuchungen auf Grundlage der Daten im länderbezogenen Bericht zu unerwünschten wirtschaftlichen Ergebnissen führt, auch wenn solche Fälle bei einem einzelnen Unternehmen auftreten, konsultieren die zuständigen Behörden der Ansässigkeitsstaaten der betroffenen Konzernunternehmen einander und beraten sich mit dem Ziel, den Fall zu regeln.

2. Treten bei der Durchführung oder Auslegung dieser Vereinbarung Schwierigkeiten auf, so kann eine zuständige Behörde um Konsultationen mit einer oder mehreren der zuständigen Behörden zur Ausarbeitung geeigneter Maßnahmen ersuchen, durch welche die Einhaltung der Vereinbarung sichergestellt wird. Insbesondere konsultiert eine zuständige Behörde die andere zuständige Behörde, bevor die erstgenannte zuständige Behörde feststellt, dass ein systemisches Scheitern des Austauschs länderbezogener Berichte mit der anderen Behörde vorliegt. Trifft die erstgenannte zuständige Behörde eine solche Feststellung, so unterrichtet sie das Sekretariat des Koordinierungsgremiums, das nach Benachrichtigung der betroffenen anderen zuständigen Behörde alle zuständigen Behörden unterrichten wird. Soweit das geltende Recht dies zulässt, kann jede zuständige Behörde, auf ihren Wunsch auch über das Sekretariat des Koordinierungsgremiums, andere zuständige Behörden, für die diese Vereinbarung wirksam ist, beteiligen, um eine annehmbare Lösung für die Angelegenheit zu finden.

3. Die zuständige Behörde, die nach Absatz 2 um die Konsultationen ersucht hat, stellt gegebenenfalls sicher, dass das Sekretariat des Koordinierungsgremiums über alle gefassten Beschlüsse und ausgearbeiteten Maßnahmen, aber auch über das Nichtzustandekommen solcher Beschlüsse und Maßnahmen, unterrichtet wird, und das Sekretariat des Koordinierungsgremiums wird sämtliche zuständigen Behörden, auch diejenigen, die nicht an den Konsultationen teilgenommen haben, über alle diese Beschlüsse beziehungsweise Maßnahmen unterrichten. Informationen über einzelne Steuerpflichtige, einschließlich Informationen, welche die Identität des betroffenen Steuerpflichtigen erkennen lassen würden, sind nicht zu erteilen.

§ 7
Änderungen

Diese Vereinbarung kann mittels Konsens durch schriftliche Übereinkunft aller zuständigen Behörden geändert werden, für die diese Vereinbarung wirksam ist. Sofern nichts anderes vereinbart wurde, wird diese Änderung am ersten Tag des Monats wirksam, der auf einen Zeitabschnitt von einem Monat nach der letzten Unterzeichnung dieser schriftlichen Übereinkunft folgt.

§ 8
Geltungsdauer der Vereinbarung

1. Eine zuständige Behörde muss zum Zeitpunkt der Unterzeichnung dieser Vereinbarung oder so bald wie möglich danach eine Notifikation an das Sekretariat des Koordinierungsgremiums übermitteln,

a) in der angegeben ist, dass ihr Staat über die zur Verpflichtung der berichtenden Rechtsträger zur Vorlage eines länderbezogenen Berichts erforderlichen Rechtsvorschriften verfügt und dass er die Vorlage von länderbezogenen Berichten für Wirtschaftsjahre von berichtenden Rechtsträgern, die an dem in der Notifikation genannten Tag oder danach beginnen, vorschreiben wird;

b) in der angegeben ist, ob der Staat in die Liste der Staaten ohne Gegenseitigkeit aufzunehmen ist;

c) in der ein oder mehrere Verfahren zur elektronischen Datenübertragung einschließlich Verschlüsselung genannt sind;

d) in der angegeben ist, dass sie über den erforderlichen Rechtsrahmen und die erforderliche Infrastruktur zur Gewährleistung der vorgeschriebenen Standards für Vertraulichkeit und Datenschutzvorkehrungen nach Artikel 22 des Übereinkommens und § 5 Absatz 1 sowie der in § 5 Absatz 2 beschriebenen sachgemäßen Verwendung der Informationen in den länderbezogenen Berichten verfügt, und welcher der ausgefüllte und dieser Vereinbarung als Anlage anzuhängende Fragebogen zu Vertraulichkeit und Datenschutzvorkehrungen beigefügt ist;

e) die Folgendes enthält: *i)* eine Liste der Staaten der zuständigen Behörden, mit denen sie dieser Vereinbarung nach Abschluss (etwaiger) innerstaatlicher Gesetzgebungsverfahren für das Inkrafttreten Wirksamkeit zu verleihen beabsichtigt, oder *ii)* eine Erklärung der zuständigen Behörde, dass sie dieser Vereinbarung mit allen anderen zuständigen Behörden, die eine Notifikation nach diesem Buchstaben übermitteln, Wirksamkeit zu verleihen beabsichtigt.

Die zuständigen Behörden müssen dem Sekretariat des Koordinierungsgremiums umgehend jede an dem oben genannten Inhalt der Notifikation vorzunehmende nachträgliche Änderung notifizieren.

2. Diese Vereinbarung wird zum späteren der folgenden Zeitpunkte zwischen zwei zuständigen Behörden wirksam werden: *i)* an dem Tag, an dem die zweite der beiden zuständigen Behörden die Notifikation nach Absatz 1 an das Sekretariat des Koordinierungsgremiums übermittelt hat, in der nach Absatz 1 Buchstabe e der Staat der anderen zuständigen Behörde aufgeführt ist, oder *ii)* an dem Tag, an dem das Übereinkommen für beide Staaten in Kraft getreten und wirksam ist.

3. Das Sekretariat des Koordinierungsgremiums wird eine auf der OECD-Website zu veröffentlichende Liste der zuständigen Behörden führen, der zu entnehmen ist, welche zuständigen Behörden die Vereinbarung unterzeichnet haben und zwischen welchen zuständigen Behörden diese Vereinbarung eine wirksame Vereinbarung darstellt. Darüber hinaus wird das Sekretariat des Koordinierungsgremiums die von den zuständigen Behörden nach Absatz 1 Buchstaben a und b übermittelten Informationen auf der OECD-Website veröffentlichen.

4. Die nach Absatz 1 Buchstaben c bis e übermittelten Informationen werden den anderen Unterzeichnern auf schriftliche Anfrage an das Sekretariat des Koordinierungsgremiums zur Verfügung gestellt werden.

5. Eine zuständige Behörde kann den Informationsaustausch nach dieser Vereinbarung vorübergehend aussetzen, indem sie einer anderen zuständigen Behörde schriftlich ihre Feststellung mitteilt, dass die letztgenannte zuständige Behörde diese Vereinbarung in erheblichem Umfang nicht einhält oder nicht eingehalten hat. Bevor sie eine solche Feststellung trifft, konsultiert die erstgenannte zuständige Behörde die andere zuständige Behörde. Im Sinne dieses Absatzes bedeutet erhebliche Nichteinhaltung die Nichteinhaltung des § 5 Absätze 1 und 2 sowie des § 6 Absatz 1 und/oder der entsprechenden Bestimmungen

des Übereinkommens sowie die nicht fristgerechte oder angemessene Bereitstellung von Informationen nach dieser Vereinbarung durch die zuständige Behörde. Eine Aussetzung wird unmittelbar wirksam sein und bestehen bleiben, bis die zweitgenannte zuständige Behörde in einer für beide zuständigen Behörden annehmbaren Weise nachweist, dass keine erhebliche Nichteinhaltung vorliegt oder dass die zweitgenannte zuständige Behörde geeignete Maßnahmen ergriffen hat, um gegen die erhebliche Nichteinhaltung vorzugehen. Soweit das geltende Recht dies zulässt, kann jede zuständige Behörde, auf ihren Wunsch auch über das Sekretariat des Koordinierungsgremiums, andere zuständige Behörden, für die diese Vereinbarung wirksam ist, beteiligen, um eine annehmbare Lösung für die Angelegenheit zu finden.

6. Eine zuständige Behörde kann ihre Teilnahme an dieser Vereinbarung oder in Bezug auf eine bestimmte zuständige Behörde gegenüber dem Sekretariat des Koordinierungsgremiums schriftlich kündigen. Die Kündigung wird am ersten Tag des Monats wirksam werden, der auf einen Zeitabschnitt von 12 Monaten nach der Kündigung folgt. Im Fall einer Kündigung werden alle bis zu diesem Zeitpunkt nach dieser Vereinbarung erhaltenen Informationen weiterhin vertraulich behandelt werden und den Bestimmungen des Übereinkommens unterliegen.

§ 9
Sekretariat des Koordinierungsgremiums

Sofern in der Vereinbarung nichts anderes vorgesehen ist, wird das Sekretariat des Koordinierungsgremiums sämtliche zuständigen Behörden über alle nach dieser Vereinbarung bei ihm eingegangenen Notifikationen unterrichten und sämtliche Unterzeichner der Vereinbarung in Kenntnis setzen, wenn eine neue zuständige Behörde die Vereinbarung unterzeichnet.

Geschehen in englischer und französischer Sprache, wobei jeder Wortlaut gleichermaßen verbindlich ist.

Anhang zur Vereinbarung – Fragebogen zu Vertraulichkeit und Datenschutzvorkehrungen

1. Rechtsrahmen

Ein Rechtsrahmen muss die Vertraulichkeit der ausgetauschten Steuerinformationen gewährleisten und deren Nutzung auf angemessene Verwendungszwecke beschränken. Die zwei Grundbestandteile eines solchen Rechtsrahmens sind die Bedingungen des geltenden Doppelbesteuerungsabkommens, Steuerinformationsabkommens (TIEA) oder sonstigen bilateralen Abkommens über den Austausch von Informationen sowie das innerstaatliche Recht eines Staats.

1.1. Doppelbesteuerungsabkommen, Steuerinformationsabkommen (TIEA) und sonstige Vereinbarungen über den Informationsaustausch	
Wichtigste Checklisten-bereiche	• Bestimmungen von Doppelbesteuerungsabkommen, TIEA und internationalen Übereinkommen, die eine vertrauliche Behandlung der ausgetauschten Informationen vorschreiben und die Nutzung dieser Informationen auf die beabsichtigten Verwendungszwecke beschränken.
Wie gewährleisten die Bestimmungen zum Informationsaustausch Ihrer Doppelbesteuerungsabkommen, TIEA und sonstigen Vereinbarungen über den Informationsaustausch die Vertraulichkeit sowohl der an andere Vertragsstaaten übermittelten Informationen als auch der auf Ersuchen erhaltenen Informationen und wie beschränken sie deren Nutzung?	
1.2 Innerstaatliches Recht	
Wichtigste Checklisten-bereiche	• Das innerstaatliche Recht muss Sicherheitsvorkehrungen für steuerpflichtigenbezogene Informationen schaffen, die im Rahmen eines Doppelbesteuerungsabkommens, TIEA oder sonstigen internationalen Übereinkommens ausgetauscht werden, und diese Vereinbarungen über den Informationsaustausch für verbindlich erklären, den Zugang zu den Informationen sowie deren Verwendung beschränken und Strafen im Fall von Verstößen vorsehen.
Wie schützen Ihre innerstaatlichen Gesetze und sonstigen Rechtsvorschriften die im Rahmen von Doppelbesteuerungsabkommen, TIEA und sonstigen Instrumenten für den Informationsaustausch zu Steuerzwecken ausgetauschten Informationen und wie beschränken sie deren Verwendung? Wie verhindert die Steuerverwaltung den Missbrauch vertraulicher Informationen und wie unterbindet sie die Weitergabe steuerlicher Informationen durch das Steuerverwaltungsorgan an nicht mit Steuerfragen befasste staatliche Organe?	

2. Informationssicherheitsmanagement

Die von den Steuerverwaltungen der einzelnen Staaten eingesetzten Systeme für das Informationssicherheitsmanagement müssen Standards entsprechen, die den Schutz vertraulicher steuerpflichtigenbezogener Daten gewährleisten. Dazu bedarf es beispielsweise Prüfverfahren für Arbeitnehmer, die mit diesen Informationen befasst sind, Beschränkungen des Personenkreises, der Zugriff auf diese Informationen hat, sowie Systeme zur Aufdeckung und Rückverfolgung unerlaubter Informationsweitergaben. Die international anerkannten Standards für Informationssicherheit sind unter der Bezeichnung „ISO/IEC 27000-Reihe" bekannt. Wie nachstehend eingehender beschrieben wird, sollte eine Steuerverwaltung in der Lage sein, nachzuweisen, dass sie die Standards der ISO/IEC 27000-Reihe einhält oder über ein vergleichbares Sicherheitssystem verfügt und dass im Rahmen einer Vereinbarung über den Informationsaustausch erhaltene steuerpflichtigenbezogene Informationen durch dieses System geschützt sind.

<table>
<tr><td colspan="2">2.1.1 Hintergrundchecks und Verträge</td></tr>
<tr><td>Wichtigste Checklistenbereiche</td><td>• Prüfungen und Untersuchungen des Hintergrunds von Arbeit- und Auftragnehmern
• Einstellungsverfahren und Verträge
• Zuständige Kontaktstellen</td></tr>
<tr><td colspan="2">Welche Verfahren gelten für die von Ihrer Steuerverwaltung durchgeführten Hintergrundchecks für Arbeit- und Auftragnehmer, die Zugang zu im Rahmen eines Informationsaustausches erhaltenen Daten haben und diese verwenden könnten oder die für deren Schutz zuständig sind? Sind die entsprechenden Informationen öffentlich zugänglich? Falls ja, geben Sie bitte an, wo die entsprechenden Informationen zu finden sind. Falls nein, fassen Sie die Verfahren bitte zusammen.</td></tr>
<tr><td colspan="2">2.1.2 Schulungen und Sensibilisierung</td></tr>
<tr><td>Wichtigste Checklistenbereiche</td><td>• Erstschulungen und regelmäßige Fortbildungen zur Sensibilisierung für Sicherheitsfragen im Hinblick auf Aufgaben, Risiken und geltende Vorschriften</td></tr>
<tr><td colspan="2">Welche Schulungen hinsichtlich vertraulicher Informationen, einschließlich Daten, die von Partnern im Rahmen des Informationsaustausches übermittelt wurden, sind in Ihrer Steuerverwaltung für Arbeit- und Auftragnehmer vorgesehen? Liegt der Text dieser Auflagen in Ihrer Steuerverwaltung in einer veröffentlichten Fassung vor? Falls ja, geben Sie bitte an, wo die entsprechenden Informationen zu finden sind. Falls nein, fassen Sie die Auflagen bitte zusammen.</td></tr>
<tr><td colspan="2">2.1.3 Regeln für den Fall des Ausscheidens von Arbeit-/Auftragnehmern</td></tr>
<tr><td>Wichtigste Checklistenbereiche</td><td>• Regeln für die Beendigung des Zugangs zu vertraulichen Informationen</td></tr>
<tr><td colspan="2">Welche Verfahren gibt es in Ihrer Steuerverwaltung für die Beendigung des Zugangs zu vertraulichen Informationen von ausscheidenden Arbeit- und Auftragnehmern? Wurden diese Verfahren veröffentlicht? Falls ja, geben Sie bitte an, wo die entsprechenden Informationen zu finden sind. Falls nein, fassen Sie die Verfahren bitte zusammen.</td></tr>
<tr><td colspan="2">2.2.1 Physische Sicherheit: Zugang zu Gebäuden und Räumlichkeiten</td></tr>
<tr><td>Wichtigste Checklistenbereiche</td><td>• Sicherheitsmaßnahmen zur Beschränkung des Zutritts zu Gebäuden und Räumlichkeiten: Sicherheitsposten, Sicherheitsregeln, Zutrittsverfahren</td></tr>
<tr><td colspan="2">Welche Verfahren gibt es in Ihrer Steuerverwaltung für den Zutritt von Arbeitnehmern, Auftragnehmern und Besuchern zu Räumlichkeiten, in denen vertrauliche Informationen in Papier- oder elektronischer Form aufbewahrt werden? Wurden diese Verfahren veröffentlicht? Falls ja, geben Sie bitte an, wo die entsprechenden Informationen zu finden sind. Falls nein, fassen Sie die Verfahren bitte zusammen.</td></tr>
<tr><td colspan="2">2.2.2. Physische Sicherheit: Aufbewahrung physischer Unterlagen</td></tr>
<tr><td>Wichtigste Checklistenbereiche</td><td>• Physische Sicherheit vertraulicher Unterlagen: Regeln und Verfahren</td></tr>
<tr><td colspan="2">Welche Verfahren gibt es in Ihrer Steuerverwaltung für die Entgegennahme, Bearbeitung, Archivierung, Konsultation und Entsorgung von Hardcopys vertraulicher Daten, die von Steuerpflichtigen oder Informationsaustauschpartnern übermittelt wurden? Gibt es in Ihrer Steuerverwaltung Verfahren, die die Arbeitnehmer bei Dienstschluss befolgen müssen, bevor sie ihren Arbeitsplatz verlassen? Wurden diese Verfahren veröffentlicht? Falls ja, geben Sie bitte an, wo die entsprechenden Informationen zu finden sind. Falls nein, fassen Sie sie bitte zusammen.
Gibt es in Ihrer Steuerverwaltung Regeln für die Klassifizierung von Daten? Falls ja, beschreiben Sie bitte, wie sich Ihre Verfahren für die Aufbewahrung von Unterlagen je nach deren Klassifizierung unterscheiden. Wurden diese Verfahren veröffentlicht? Falls ja, geben Sie bitte an, wo die entsprechenden Informationen zu finden sind. Falls nein, fassen Sie sie bitte zusammen.</td></tr>
<tr><td colspan="2">2.3 Planung</td></tr>
<tr><td>Wichtigste Checklistenbereiche</td><td>• Planungsdokumentation für die Entwicklung, Aktualisierung und Umsetzung der Informationssystemsicherheit</td></tr>
<tr><td colspan="2">Welche Verfahren gibt es in Ihrer Steuerverwaltung für die Entwicklung, Dokumentation, Aktualisierung und Umsetzung der Sicherheit von Informationssystemen, die für die Entgegennahme, Bearbeitung, Archivierung und Konsultation vertraulicher Informationen verwendet werden? Wurden diese Verfahren veröffentlicht? Falls ja, geben Sie bitte an, wo die entsprechenden Informationen zu finden sind. Falls nein, fassen Sie sie bitte zusammen.
Welche Verfahren gibt es in Ihrer Steuerverwaltung für regelmäßige Aktualisierungen des Informationssicherheitsplans im Fall von Änderungen des Umfelds der Informationssysteme? Wie werden Probleme und Risiken, die bei der Umsetzung von Informationssicherheitsplänen identifiziert wurden, ausgeräumt? Wurden diese Verfahren veröffentlicht? Falls ja, geben Sie bitte an, wo die entsprechenden Informationen zu finden sind. Falls nein, fassen Sie sie bitte zusammen.</td></tr>
</table>

<table>
<tr><th colspan="2">2.4 Konfigurationsmanagement</th></tr>
<tr><td>Wichtigste Checklistenbereiche</td><td>• Konfigurationsmanagement und Sicherheitskontrollen</td></tr>
<tr><td colspan="2">Welche Verfahren gibt es in Ihrer Steuerverwaltung zur Steuerung von Systemkonfiguration und Aktualisierungen? Wurden diese Verfahren veröffentlicht? Falls ja, geben Sie bitte an, wo die entsprechenden Informationen zu finden sind. Falls nein, fassen Sie sie bitte zusammen.</td></tr>
<tr><th colspan="2">2.5 Zugriffskontrollen</th></tr>
<tr><td>Wichtigste Checklistenbereiche</td><td>• Zugriffskontrollverfahren: Autorisierte Mitarbeiter und internationaler Informationsaustausch</td></tr>
<tr><td colspan="2">Welche Verfahren gibt es in Ihrer Steuerverwaltung, um den Systemzugriff auf autorisierte Nutzer zu beschränken und die Daten während der Übertragung und bei Erhalt und Aufbewahrung zu schützen? Bitte beschreiben Sie, wie die Regeln Ihrer Steuerverwaltung in Bezug auf Zugriffsgenehmigung und Datenübertragung auf Daten angewandt werden, die im Wege des Informationsaustauschs im Rahmen eines Doppelbesteuerungsabkommens, eines TIEA oder einer sonstigen Vereinbarung über den Informationsaustausch empfangen wurden. Wurden diese Verfahren veröffentlicht? Falls ja, geben Sie bitte an, wo die entsprechenden Informationen zu finden sind. Falls nein, fassen Sie sie bitte zusammen.</td></tr>
<tr><th colspan="2">2.6 Identifizierung und Authentifizierung</th></tr>
<tr><td>Wichtigste Checklistenbereiche</td><td>• Authentifizierung der Identität der Nutzer und Geräte, die auf Informationssysteme zugreifen wollen</td></tr>
<tr><td colspan="2">Welche Regeln und Verfahren gibt es in Ihrer Steuerverwaltung für die verschiedenen mit vertraulichen Daten verbundenen Informationssysteme? Wurden diese Regeln und Verfahren veröffentlicht? Falls ja, geben Sie bitte an, wo die entsprechenden Informationen zu finden sind. Falls nein, fassen Sie sie bitte zusammen.
Welche Regeln und Verfahren gelten für die Authentifizierung von autorisierten Nutzern der Steuerverwaltung durch Systeme, die mit vertraulichen Daten verbunden sind? Wurden diese Regeln und Verfahren veröffentlicht? Falls ja, geben Sie bitte an, wo die entsprechenden Informationen zu finden sind. Falls nein, fassen Sie sie bitte zusammen.</td></tr>
<tr><th colspan="2">2.7 Prüfung und Rechenschaftspflicht</th></tr>
<tr><td>Wichtigste Checklistenbereiche</td><td>• Verfolgbare elektronische Handlungen innerhalb der Systeme
• Systemprüfverfahren: Überwachung, Analyse, Untersuchung und Meldung rechtswidriger/unerlaubter Nutzungen</td></tr>
<tr><td colspan="2">Welche Regeln und Verfahren gibt es in Ihrer Steuerverwaltung, um zu gewährleisten, dass Systemprüfungen stattfinden, durch die unerlaubte Zugriffe aufgedeckt werden? Wurden diese Verfahren veröffentlicht? Falls ja, geben Sie bitte an, wo die entsprechenden Informationen zu finden sind. Falls nein, fassen Sie sie bitte zusammen.</td></tr>
<tr><th colspan="2">2.8 Wartung</th></tr>
<tr><td>Wichtigste Checklistenbereiche</td><td>• Regelmäßige und zeitnahe Wartung der Systeme
• Kontrolle von Instrumenten, Verfahren und Mechanismen für Systemwartung und persönliche Nutzung</td></tr>
<tr><td colspan="2">Welche Verfahren regeln die wirksame, regelmäßige Systemwartung durch Ihre Steuerverwaltung? Wurden diese Verfahren veröffentlicht? Falls ja, geben Sie bitte an, wo die entsprechenden Informationen zu finden sind. Falls nein, fassen Sie sie bitte zusammen.
Welche Verfahren sind zur Behebung von Systemfehlern vorgesehen, die von Ihrer Steuerverwaltung identifiziert wurden? Wurden diese Verfahren veröffentlicht? Falls ja, geben Sie bitte an, wo die entsprechenden Informationen zu finden sind. Falls nein, fassen Sie sie bitte zusammen.</td></tr>
<tr><th colspan="2">2.9 System- und Kommunikationssicherung</th></tr>
<tr><td>Wichtigste Checklistenbereiche</td><td>• Verfahren für die Überwachung, Kontrolle und Sicherung der in den Informationssystemen ein- und ausgehenden Mitteilungen</td></tr>
<tr><td colspan="2">Welche Verfahren gibt es in Ihrer Steuerverwaltung für elektronischen Versand und Empfang vertraulicher Daten? Bitte beschreiben Sie die Sicherheits- und Verschlüsselungsanforderungen dieser Verfahren. Wurden diese Verfahren veröffentlicht? Falls ja, geben Sie bitte an, wo die entsprechenden Informationen zu finden sind. Falls nein, fassen Sie sie bitte zusammen.</td></tr>
</table>

2.10 System- und Informationsintegrität	
Wichtigste Checklistenbereiche	• Verfahren für eine zeitnahe Identifizierung, Meldung und Korrektur von Informationssystemfehlern • Schutz vor Schadcodes und Überwachung von Systemsicherheitswarnungen
Welche Verfahren gibt es in Ihrer Steuerverwaltung für die zeitnahe Identifizierung, Meldung und Korrektur von Informationssystemfehlern? Bitte beschreiben Sie, wie diese Verfahren die Systeme vor Schadcodes schützen, die die Datenintegrität beeinträchtigen könnten. Wurden diese Verfahren veröffentlicht? Falls ja, geben Sie bitte an, wo die entsprechenden Informationen zu finden sind. Falls nein, fassen Sie sie bitte zusammen.	
2.11 Sicherheitsbewertungen	
Wichtigste Checklistenbereiche	• Verfahren zur Prüfung, Validierung und Autorisierung der Sicherheitskontrollen für den Schutz der Daten, die Behebung von Mängeln und die Risikoverringerung
Welche regelmäßig aktualisierten Verfahren gibt es in Ihrer Steuerverwaltung für die Überprüfung der Verfahren zur Prüfung, Validierung und Autorisierung von Sicherheitskontrollplänen? Wurden diese Verfahren veröffentlicht? Falls ja, geben Sie bitte an, wo die entsprechenden Informationen zu finden sind. Falls nein, fassen Sie sie bitte zusammen.	
2.12 Notfallplanung	
Wichtigste Checklistenbereiche	• Pläne für Notfallmaßnahmen, Backup-Betrieb und Disaster Recovery von Informationssystemen
Welche Notfallpläne und -verfahren gibt es in Ihrer Steuerverwaltung zur Verringerung der Folgen von unzulässigen Datenweitergaben und irreversiblen Datenverlusten? Wurden diese Pläne und Verfahren veröffentlicht? Falls ja, geben Sie bitte an, wo die entsprechenden Informationen zu finden sind. Falls nein, fassen Sie sie bitte zusammen.	
2.13 Risikoabschätzung	
Wichtigste Checklistenbereiche	• Potenzielles Risiko des unerlaubten Zugriffs auf steuerpflichtigenbezogene Daten • Risiko und Schadensumfang bei unerlaubter Datennutzung oder -weitergabe und Ausfällen der Systeme für steuerpflichtigenbezogene Informationen • Verfahren für die Aktualisierung der Methoden der Risikoabschätzung
Führt Ihre Steuerverwaltung Risikoabschätzungen zur Identifizierung der Risiken und potenziellen Folgen eines unerlaubten Datenzugriffs, einer unerlaubten Nutzung und Weitergabe von Daten oder einer Zerstörung von Informationssystemen durch? Welche Verfahren gibt es in Ihrer Steuerverwaltung zur Aktualisierung der Methoden der Risikoabschätzung? Wurden die Risikoabschätzungen und deren Verfahren veröffentlicht? Falls ja, geben Sie bitte an, wo die entsprechenden Informationen zu finden sind. Falls nein, fassen Sie sie bitte zusammen.	
2.14 Einkauf von Systemen und Dienstleistungen	
Wichtigste Checklistenbereiche	• Methoden und Verfahren, um zu gewährleisten, dass externe Anbieter von Informationssystemen vertrauliche Informationen im Einklang mit den geltenden Computersicherheitsanforderungen verarbeiten, aufbewahren und übertragen
Durch welche Verfahren wird in Ihrer Steuerverwaltung gewährleistet, dass externe Anbieter angemessene Sicherheitskontrollen durchführen, die mit den Computersicherheitsanforderungen für vertrauliche Informationen im Einklang stehen? Wurden diese Verfahren veröffentlicht? Falls ja, geben Sie bitte an, wo die entsprechenden Informationen zu finden sind. Falls nein, fassen Sie sie bitte zusammen.	
2.15 Schutz von Datenmedien	
Wichtigste Checklistenbereiche	• Verfahren zum Schutz von gedruckten oder digitalen Informationen • Sicherheitsmaßnahmen zur ausschließlichen Begrenzung des Zugangs zu Datenmedien auf autorisierte Nutzer • Methoden zum Löschen und Zerstören digitaler Medien vor deren Wiederverwendung oder Entsorgung
Welche Verfahren gibt es in Ihrer Steuerverwaltung zur sicheren Aufbewahrung vertraulicher Informationen in gedruckter oder digitaler Form, nachdem diese Informationen von einer Quelle bezogen wurden, sowie zur Begrenzung des Zugangs zu diesen Informationen? Wie werden Medien mit vertraulichen Daten vor ihrer Entsorgung sicher zerstört? Wurden diese Verfahren veröffentlicht? Falls ja, geben Sie bitte an, wo die entsprechenden Informationen zu finden sind. Falls nein, fassen Sie sie bitte zusammen.	

2.16 Schutz von im Rahmen von Abkommen ausgetauschten Daten (zuvor: Risiko der Datenvermischung)	
Wichtigste Checklistenbereiche	• Verfahren, um zu gewährleisten, dass im Rahmen von Abkommen ausgetauschte Akten gesichert und klar gekennzeichnet sind • Klassifizierungsmethoden für im Rahmen von Abkommen ausgetauschte Akten
Welche Regeln und Verfahren gibt es in Ihrer Steuerverwaltung, um vertrauliche Informationen nach deren Übermittlung durch ausländische zuständige Behörden aufzubewahren und klar als im Rahmen von Abkommen ausgetauschte Informationen zu kennzeichnen? Wurden diese Regeln und Verfahren veröffentlicht? Falls ja, geben Sie bitte an, wo die entsprechenden Informationen zu finden sind. Falls nein, fassen Sie sie bitte zusammen.	
2.17 Regeln für die Datenentsorgung	
Wichtigste Checklistenbereiche	• Verfahren für die sachgemäße Entsorgung von Akten in Papier- oder elektronischer Form
Welche Verfahren gibt es in Ihrer Steuerverwaltung für die Entsorgung vertraulicher Informationen? Gelten diese Verfahren auch für Informationen, die von ausländischen zuständigen Behörden übermittelt wurden? Wurden diese Verfahren veröffentlicht? Falls ja, geben Sie bitte an, wo die entsprechenden Informationen zu finden sind. Falls nein, fassen Sie sie bitte zusammen.	

3. Überwachung und Durchsetzung

Die Steuerverwaltungen müssen nicht nur gewährleisten, dass die im Rahmen von Abkommen ausgetauschten Informationen vertraulich bleiben, sondern auch, dass ihre Nutzung auf die Verwendungszwecke beschränkt bleibt, die in der geltenden Vereinbarung für den Informationsaustausch festgelegt sind. Die Einhaltung eines geeigneten Regelwerks für die Informationssicherheit allein reicht also nicht aus, um im Rahmen von Abkommen ausgetauschte Steuerdaten zu schützen. Im innerstaatlichen Recht müssen zudem Nachteile oder Strafen für den Fall einer unzulässigen Weitergabe oder Nutzung von steuerpflichtigenbezogenen Informationen vorgesehen sein. Damit ihre Umsetzung gesichert ist, müssen die entsprechenden Gesetze durch geeignete Verwaltungsressourcen und -verfahren abgestützt werden.

3.1 Nachteilige Rechtsfolgen und Strafen	
Wichtigste Checklistenbereiche	• Strafen für den Fall unerlaubter Informationsweitergaben • Verfahren zur Risikoverringerung
Ist Ihre Steuerverwaltung in der Lage, Strafen für die unerlaubte Weitergabe vertraulicher Informationen zu verhängen? Erstreckt sich dies auch auf die unerlaubte Weitergabe von vertraulichen Informationen, die mit Abkommens- oder TIEA-Partnern ausgetauscht wurden? Gibt es öffentlich zugängliche Informationen über diese Strafen? Falls ja, geben Sie bitte an, wo diese Informationen zu finden sind. Falls nein, fassen Sie sie bitte zusammen.	
3.2.1 Bekämpfung von unerlaubten Zugriffen und Informationsweitergaben	
Wichtigste Checklistenbereiche	• Überwachung zur Aufdeckung von Verstößen • Meldung von Verstößen
Welche Verfahren bestehen in Ihrer Steuerverwaltung für die Überwachung von Verstößen gegen Vertraulichkeitsvorschriften? Durch welche Regeln und Verfahren verpflichtet Ihre Steuerverwaltung Arbeit- und Auftragnehmer, tatsächliche oder potenzielle Verstöße gegen Vertraulichkeitsvorschriften zu melden? Welche Art von Berichten erstellt Ihre Steuerverwaltung, wenn es zu einem Verstoß gegen Vertraulichkeitsvorschriften gekommen ist? Wurden diese Regeln und Verfahren veröffentlicht? Falls ja, geben Sie bitte an, wo die entsprechenden Informationen zu finden sind. Falls nein, fassen Sie sie bitte zusammen.	
3.2.2 Strafen und frühere Vorfälle	
Wichtigste Checklistenbereiche	• Frühere Fälle unerlaubter Informationsweitergaben • Verfahrensänderungen zur Verhinderung künftiger Verstöße
Gab es in ihrem Staat Fälle, in denen vertrauliche Informationen in unzulässiger Weise weitergegeben wurden? Gab es in ihrem Staat Fälle, in denen vertrauliche Informationen, die die zuständige Behörde von einem Informationsaustauschpartner erhalten hatte, in einer Weise weitergegeben wurden, die nicht mit den Bedingungen des Instruments, in dessen Rahmen sie übermittelt wurden, im Einklang stand? Veröffentlicht Ihre Steuerverwaltung Beschreibungen von Verstößen, verhängten Strafen sowie vorgenommenen Umstellungen, um die Risiken einzudämmen und künftige Verstöße zu verhindern? Falls ja, geben Sie bitte an, wo die entsprechenden Informationen zu finden sind. Falls nein, fassen Sie sie bitte zusammen.	

Vereinbarung zwischen den zuständigen Behörden über den Austausch länderbezogener Berichte auf der Grundlage eines Doppelbesteuerungsabkommens („DTC CAA")

In der Erwägung, dass die Regierung von [Staat A] und die Regierung von [Staat B] von dem Wunsch geleitet sind, durch den automatischen Austausch jährlicher länderbezogener Berichte die internationale steuerliche Transparenz zu erhöhen und den Zugang ihrer jeweiligen Steuerbehörden zu Informationen über die weltweite Verteilung der Einkünfte und der entrichteten Steuern sowie bestimmte Indikatoren für die Orte wirtschaftlicher Tätigkeit in den Steuergebieten, in denen multinationale Konzerne tätig sind, zu verbessern, um die Verrechnungspreisrisiken und andere Risiken im Zusammenhang mit Gewinnverkürzung und Gewinnverlagerung allgemein zu bewerten sowie gegebenenfalls für wirtschaftliche und statistische Analysen,

in der Erwägung, dass die Rechtsvorschriften ihrer jeweiligen Staaten den berichtenden Rechtsträger eines multinationalen Konzerns verpflichten oder verpflichten sollen, jährlich einen länderbezogenen Bericht vorzulegen,

in der Erwägung, dass der länderbezogene Bericht Bestandteil einer dreistufigen Struktur sein soll, zusammen mit einer globalen Stammdokumentation und einer Einzeldokumentation, die gemeinsam einen standardisierten Ansatz für die Verrechnungspreisdokumentation darstellen, der den Steuerverwaltungen sachdienliche und verlässliche Informationen zur Durchführung einer effizienten und belastbaren Bewertungsanalyse des Verrechnungspreisrisikos liefern wird,

in der Erwägung, dass Artikel [...] des Doppelbesteuerungsabkommens zwischen [Staat A] und [Staat B] („Abkommen") die Grundlage für den Informationsaustausch zu Steuerzwecken einschließlich des automatischen Informationsaustauschs schafft sowie den zuständigen Behörden von [Staat A] und [Staat B] („zuständige Behörden") gestattet, den Umfang und die Modalitäten dieses automatischen Austauschs zu vereinbaren,

in der Erwägung, dass [Staat A] und [Staat B] zum Zeitpunkt des ersten Austauschs länderbezogener Berichte über Folgendes [verfügen werden/verfügen sollen/verfügen werden oder verfügen sollen]: *i)* geeignete Schutzvorkehrungen zur Sicherstellung der vertraulichen Behandlung der nach dieser Vereinbarung erhaltenen Informationen und ihrer Verwendung für eine allgemeine Bewertung der Verrechnungspreisrisiken und anderer Risiken im Zusammenhang mit Gewinnverkürzung und Gewinnverlagerung sowie gegebenenfalls für wirtschaftliche und statistische Analysen nach § 5, *ii)* die Infrastruktur für eine wirksame Austauschbeziehung (einschließlich bestehender Verfahren zur Gewährleistung eines fristgerechten, fehlerfreien und vertraulichen Informationsaustauschs, wirksamer und zuverlässiger Übertragungswege sowie Ressourcen für die zügige Klärung von Fragen und Anliegen zum Austausch oder zu Auskunftsersuchen sowie für die Durchführung des § 4) und *iii)* die erforderlichen Rechtsvorschriften zur Verpflichtung der berichtenden Rechtsträger zur Vorlage länderbezogener Berichte, in der Erwägung, dass [Staat A] und [Staat B] entschlossen sind, sich um eine einvernehmliche Lösung von Fällen doppelter Besteuerung nach Artikel [25] des Abkommens sowie § 6 Absatz 1 dieser Vereinbarung zu bemühen,

in der Erwägung, dass die zuständigen Behörden beabsichtigen, diese Vereinbarung über den gegenseitigen automatischen Informationsaustausch im Rahmen des Abkommens zu schließen, und zwar vorbehaltlich der im Abkommen vorgesehenen Vertraulichkeitsvorschriften und sonstigen Schutzvorkehrungen einschließlich der Bestimmungen, welche die Verwendung der danach ausgetauschten Informationen einschränken,

sind die zuständigen Behörden wie folgt übereingekommen:

§ 1
Begriffsbestimmungen

1. Im Sinne dieser Vereinbarung haben die nachstehenden Ausdrücke folgende Bedeutung:

   a) Der Ausdruck **„[Staat A]"** bedeutet [...];

   b) der Ausdruck **„[Staat B]"** bedeutet [...];

   c) der Ausdruck **„zuständige Behörde"** bedeutet im Fall von [Staat A] [...] und im Fall von [Staat B] [...];

   d) der Ausdruck **„Konzern"** bedeutet eine Gruppe von Unternehmen, die durch Eigentum oder Beherrschung verbunden sind, so dass die Gruppe entweder nach den geltenden Rechnungslegungsgrundsätzen zur Aufstellung eines Konzernabschlusses für Rechnungslegungszwecke verpflichtet ist oder dazu verpflichtet wäre, wenn Eigenkapitalbeteiligungen an einem der Unternehmen an einer öffentlichen Wertpapierbörse gehandelt würden;

   e) der Ausdruck **„multinationaler Konzern"** bedeutet einen Konzern, *i)* der zwei oder mehr Unternehmen umfasst, deren steuerliche Ansässigkeit in unterschiedlichen Staaten liegt, oder der ein Unternehmen umfasst, das in einem Staat steuerlich ansässig ist und in einem anderen Staat mit der durch eine Betriebsstätte ausgeübten Geschäftstätigkeit steuerpflichtig ist, und *ii)* der kein freigestellter multinationaler Konzern ist;

   f) der Ausdruck **„freigestellter multinationaler Konzern"** bedeutet einen Konzern, der nicht zur Vorlage eines länderbezogenen Berichts verpflichtet ist, da der Umsatzerlös des Konzerns in dem Wirtschaftsjahr, das dem Berichtswirtschaftsjahr unmittelbar voranging, laut seinem Konzernabschluss für dieses vorangegangene Wirtschaftsjahr unter dem Schwellenwert liegt, der durch das innerstaatliche Recht des Staates festgelegt wurde und dem Bericht von 2015 in der nach der darin vorgesehenen Überprüfung im Jahr 2020 gegebenenfalls geänderten Fassung entspricht;

   g) der Ausdruck **„Konzernunternehmen"** bedeutet *i)* eine eigenständige Geschäftseinheit eines multinationalen Konzerns, die für Rechnungslegungszwecke in den Konzernabschluss einbezogen wird oder darin einbezogen würde, wenn Eigenkapitalbeteiligungen an dieser Geschäftseinheit eines multinationalen Konzerns an einer öffentlichen Wertpapierbörse gehandelt würden, *ii)* eine eigenständige Geschäftseinheit, die nur auf Grund ihrer Größe oder nur aus Wesentlichkeitsgründen nicht in den Konzernabschluss des multinationalen Konzerns einbezogen wird, oder *iii)* eine Betriebsstätte einer unter Ziffer *i)* oder *ii)* fallenden eigenständigen Geschäftseinheit eines multinationalen Konzerns, sofern die Geschäftseinheit für Rechnungslegungs-, Aufsichts-, Steuer- oder interne Steuerungszwecke einen Einzelabschluss für diese Betriebsstätte aufstellt;

h) der Ausdruck **„berichtender Rechtsträger"** bedeutet das Konzernunternehmen, das auf Grund des innerstaatlichen Rechts im Staat seiner steuerlichen Ansässigkeit den länderbezogenen Bericht im Rahmen seiner Fähigkeit vorlegt, dies im Namen des multinationalen Konzerns zu tun;

i) der Ausdruck **„länderbezogener Bericht"** bedeutet den vom berichtenden Rechtsträger nach dem Recht des Staates seiner steuerlichen Ansässigkeit jährlich vorzulegenden länderbezogenen Bericht mit den nach diesem Recht zu meldenden Informationen zu den Posten und in dem Format, die im Bericht von 2015 in der nach der darin vorgesehenen Überprüfung im Jahr 2020 gegebenenfalls geänderten Fassung dargelegt sind; und

j) der Ausdruck **„Bericht von 2015"** bedeutet den Abschlussbericht mit dem Titel *Verrechnungspreisdokumentation und länderbezogene Berichterstattung* zu Aktionspunkt 13 des OECD/G20-Aktionsplans zur Bekämpfung der Gewinnverkürzung und Gewinnverlagerung.

2. Bei jeder Anwendung dieser Vereinbarung durch eine zuständige Behörde eines Staates wird jeder in dieser Vereinbarung nicht definierte Ausdruck, sofern der Zusammenhang nichts anderes erfordert und die zuständigen Behörden sich nicht (im Rahmen ihres innerstaatlichen Rechts) auf eine gemeinsame Bedeutung einigen, die Bedeutung haben, die ihm zum jeweiligen Zeitpunkt nach dem Recht des diese Vereinbarung anwendenden Staates zukommt, wobei die Bedeutung nach dem in diesem Staat geltenden Steuerrecht Vorrang hat vor einer Bedeutung, die dem Ausdruck nach dem sonstigen Recht dieses Staates zukommt.

§ 2
Austausch von Informationen in Bezug auf multinationale Konzerne

Nach Artikel [...] des Abkommens wird jede zuständige Behörde die von den einzelnen in ihrem Staat steuerlich ansässigen berichtenden Rechtsträgern erhaltenen länderbezogenen Berichte jährlich mit der anderen zuständigen Behörde automatisch austauschen, vorausgesetzt dass laut den im länderbezogenen Bericht enthaltenen Informationen ein oder mehrere Konzernunternehmen des multinationalen Konzerns des berichtenden Rechtsträgers im Staat der anderen zuständigen Behörde steuerlich ansässig oder mit der durch eine Betriebsstätte im Staat der anderen zuständigen Behörde ausgeübten Geschäftstätigkeit steuerpflichtig sind.

§ 3
Zeitplan und Form des Informationsaustauschs

1. Für die Zwecke des Informationsaustauschs nach § 2 wird die Währung der im länderbezogenen Bericht enthaltenen Beträge angegeben werden.

2. Im Hinblick auf § 2 ist ein länderbezogener Bericht erstmalig für Wirtschaftsjahre des multinationalen Konzerns auszutauschen, die an [...] oder danach beginnen. Dieser länderbezogene Bericht ist so bald wie möglich und spätestens 18 Monate nach dem letzten Tag des Wirtschaftsjahrs des multinationalen Konzerns, auf das er sich bezieht, auszutauschen.

Die länderbezogenen Berichte für die folgenden Wirtschaftsjahre sind so bald wie möglich und spätestens 15 Monate nach dem letzten Tag des Wirtschaftsjahrs des multinationalen Konzerns, auf das sich der betreffende Bericht bezieht, auszutauschen.

3. Die zuständigen Behörden werden die länderbezogenen Berichte über ein gemeinsames XML-Schema automatisch austauschen.

4. Die zuständigen Behörden werden auf ein oder mehrere elektronische Datenübertragungsverfahren einschließlich Verschlüsselungsstandards hinwirken und sich auf diese verständigen.

§ 4

Zusammenarbeit bei Einhaltung und Durchsetzung der Vereinbarung

Eine zuständige Behörde wird die andere zuständige Behörde unterrichten, wenn die erstgenannte zuständige Behörde in Bezug auf einen im Staat der anderen zuständigen Behörde steuerlich ansässigen berichtenden Rechtsträger Grund zu der Annahme hat, dass ein Fehler zu einer unrichtigen oder unvollständigen Informationsmeldung geführt haben könnte oder dass ein berichtender Rechtsträger seine Verpflichtung zur Vorlage eines länderbezogenen Berichts nicht einhält. Die unterrichtete zuständige Behörde wird sämtliche nach ihrem innerstaatlichen Recht zur Verfügung stehende geeignete Maßnahmen ergreifen, um gegen die in der Unterrichtung beschriebenen Fehler oder Fälle von Nichteinhaltung vorzugehen.

§ 5

Vertraulichkeit, Datenschutzvorkehrungen und sachgemäße Verwendung

1. Alle ausgetauschten Informationen unterliegen den im Übereinkommen vorgesehenen Vertraulichkeitsvorschriften und sonstigen Schutzvorkehrungen einschließlich der Bestimmungen, welche die Verwendung der ausgetauschten Informationen einschränken.

2. Über die Einschränkungen in Absatz 1 hinaus wird die Verwendung der Informationen außerdem auf die in diesem Absatz beschriebenen zulässigen Verwendungen beschränkt werden. Insbesondere werden die durch den länderbezogenen Bericht erhaltenen Informationen für die Bewertung erheblicher Risiken im Zusammenhang mit Verrechnungspreisen, Gewinnverkürzung und Gewinnverlagerung sowie gegebenenfalls für wirtschaftliche und statistische Analysen verwendet werden. Die Informationen werden nicht als Ersatz für eine eingehende Verrechnungspreisanalyse einzelner Geschäftsvorfälle und Preise auf der Grundlage einer umfassenden Funktionsanalyse und einer umfassenden Vergleichbarkeitsanalyse verwendet werden. Es wird anerkannt, dass die Informationen im länderbezogenen Bericht für sich genommen keinen eindeutigen Nachweis für die Angemessenheit oder Nichtangemessenheit von Verrechnungspreisen darstellen und folglich Verrechnungspreiskorrekturen nicht auf dem länderbezogenen Bericht beruhen werden. Gegen diesen Absatz verstoßende unangemessene Korrekturen örtlicher Steuerverwaltungen werden in Verfahren der zuständigen Behörden zurückgenommen werden. Ungeachtet der vorstehenden Bestimmungen ist es nicht untersagt, die Daten des länderbezogenen Berichts im Rahmen einer Steuerprüfung als Grundlage für weitere Untersuchungen der Verrechnungspreisvereinbarungen des multinationalen Konzerns oder anderer Steuerangelegenheiten zu verwenden, und infolgedessen kann das zu versteuernde Einkommen eines Konzernunternehmens entsprechend berichtigt werden.

3. Soweit dies nach geltendem Recht zulässig ist, wird jede zuständige Behörde die andere zuständige Behörde unverzüglich über alle Fälle der Nichteinhaltung der in den Absätzen 1 und 2 dargelegten Regeln einschließlich aller Gegenmaßnahmen sowie über alle in Bezug auf die Nichteinhaltung der oben genannten Absätze ergriffenen Maßnahmen unterrichten.

§ 6
Konsultationen

1. In den in Artikel [25] des Abkommens vorgesehenen Fällen konsultieren die zuständigen Behörden beider Staaten einander und bemühen sich um eine einvernehmliche Lösung.

2. Treten bei der Durchführung oder Auslegung dieser Vereinbarung Schwierigkeiten auf, so kann jede zuständige Behörde um Konsultationen mit der anderen zuständigen Behörde zur Ausarbeitung geeigneter Maßnahmen ersuchen, durch welche die Einhaltung der Vereinbarung sichergestellt wird. Insbesondere konsultiert eine zuständige Behörde die andere zuständige Behörde, bevor die erstgenannte zuständige Behörde feststellt, dass ein systemisches Scheitern des Austauschs länderbezogener Berichte mit der anderen Behörde vorliegt.

§ 7
Änderungen

Diese Vereinbarung kann mittels Konsens durch schriftliche Übereinkunft der zuständigen Behörden geändert werden. Sofern nichts anderes vereinbart wurde, wird diese Änderung am ersten Tag des Monats wirksam, der auf einen Zeitabschnitt von einem Monat nach der letzten Unterzeichnung dieser schriftlichen Übereinkunft folgt.

§ 8
Geltungsdauer der Vereinbarung

1. Diese Vereinbarung wird [am .../an dem Tag, an dem auch die zweite zuständige Behörde notifiziert, dass ihr Staat über die zur Verpflichtung der berichtenden Rechtsträger zur Vorlage eines länderbezogenen Berichts erforderlichen Rechtsvorschriften verfügt,] in Kraft treten.

2. Eine zuständige Behörde kann den Informationsaustausch nach dieser Vereinbarung vorübergehend aussetzen, indem sie der anderen zuständigen Behörde schriftlich ihre Feststellung mitteilt, dass die andere zuständige Behörde diese Vereinbarung in erheblichem Umfang nicht einhält oder nicht eingehalten hat. Bevor sie eine solche Feststellung trifft, konsultiert die erstgenannte zuständige Behörde die andere zuständige Behörde. Im Sinne dieses Absatzes bedeutet erhebliche Nichteinhaltung die Nichteinhaltung des § 5 Absätze 1 und 2 sowie des § 6 Absatz 1 einschließlich der Bestimmungen des Abkommens, auf die darin verwiesen wird, sowie die nicht fristgerechte oder angemessene Bereitstellung von Informationen nach dieser Vereinbarung durch die zuständige Behörde. Eine Aussetzung wird unmittelbar wirksam sein und bestehen bleiben, bis die zweitgenannte zuständige Behörde in einer für beide zuständigen Behörden annehmbaren Weise nachweist, dass keine erhebliche Nichteinhaltung vorliegt oder dass die zweitgenannte zuständige Behörde geeignete Maßnahmen ergriffen hat, um gegen die erhebliche Nichteinhaltung vorzugehen.

3. Jede zuständige Behörde kann diese Vereinbarung gegenüber der anderen zuständigen Behörde schriftlich kündigen. Die Kündigung wird am ersten Tag des Monats wirksam werden, der auf einen Zeitabschnitt von 12 Monaten nach der Kündigung folgt. Im Fall einer Kündigung werden alle bis zu diesem Zeitpunkt nach dieser Vereinbarung erhaltenen Informationen weiterhin vertraulich behandelt werden und den Bestimmungen des Übereinkommens unterliegen.

Unterzeichnet in [...] am [...] in zwei Urschriften.

Zuständige Behörde für [Staat A]

Zuständige Behörde für [Staat B]

Vereinbarung zwischen den zuständigen Behörden über den Austausch länderbezogener Berichte auf der Grundlage eines Abkommens über den Informationsaustausch in Steuersachen („TIEA CAA“)

In der Erwägung, dass die Regierung von [Staat A] und die Regierung von [Staat B] beabsichtigen, durch den automatischen Austausch jährlicher länderbezogener Berichte die internationale steuerliche Transparenz zu erhöhen und den Zugang ihrer jeweiligen Steuerbehörden zu Informationen über die weltweite Verteilung der Einkünfte und der entrichteten Steuern sowie bestimmte Indikatoren für die Orte wirtschaftlicher Tätigkeit in den Steuergebieten, in denen multinationale Konzerne tätig sind, zu verbessern, um erhebliche Verrechnungspreisrisiken und andere Risiken im Zusammenhang mit Gewinnverkürzung und Gewinnverlagerung zu bewerten, sowie gegebenenfalls für wirtschaftliche und statistische Analysen,

in der Erwägung, dass die Rechtsvorschriften ihrer jeweiligen Staaten den berichtenden Rechtsträger eines multinationalen Konzerns verpflichten oder verpflichten sollen, jährlich einen länderbezogenen Bericht vorzulegen,

in der Erwägung, dass der länderbezogene Bericht Bestandteil einer dreistufigen Struktur sein soll, zusammen mit einer globalen Stammdokumentation und einer Einzeldokumentation, die gemeinsam einen standardisierten Ansatz für die Verrechnungspreisdokumentation darstellen, der den Steuerverwaltungen sachdienliche und verlässliche Informationen zur Durchführung einer effizienten und belastbaren Bewertungsanalyse des Verrechnungspreisrisikos liefern wird,

in der Erwägung, dass Artikel [5A] des Abkommens über den Informationsaustausch in Steuersachen zwischen [Staat A] und [Staat B] („TIEA“) die Grundlage für den Informationsaustausch zu Steuerzwecken einschließlich des automatischen Informationsaustauschs schafft sowie den zuständigen Behörden von [Staat A] und [Staat B] („zuständige Behörden“) gestattet, den Umfang und die Modalitäten dieses automatischen Austauschs zu vereinbaren,

in der Erwägung, dass [Staat A] und [Staat B] zum Zeitpunkt des ersten Austauschs länderbezogener Berichte über Folgendes [verfügen werden/verfügen sollen/verfügen werden oder verfügen sollen]: *i)* geeignete Schutzvorkehrungen zur Sicherstellung der vertraulichen Behandlung der nach dieser Vereinbarung erhaltenen Informationen und ihrer Verwendung für eine allgemeine Bewertung der Verrechnungspreisrisiken und anderer Risiken im Zusammenhang mit Gewinnverkürzung und Gewinnverlagerung sowie gegebenenfalls für wirtschaftliche und statistische Analysen nach § 5, *ii)* die Infrastruktur für eine wirksame Austauschbeziehung (einschließlich bestehender Verfahren zur Gewährleistung eines fristgerechten, fehlerfreien und vertraulichen Informationsaustauschs, wirksamer und zuverlässiger Übertragungswege sowie Ressourcen für die zügige Klärung von Fragen und Anliegen zum Austausch oder zu Auskunftsersuchen sowie für die Durchführung des § 4) und *iii)* die erforderlichen Rechtsvorschriften zur Verpflichtung der berichtenden multinationalen Unternehmen zur Vorlage länderbezogener Berichte, in der Erwägung, dass die zuständigen Behörden beabsichtigen, diese Vereinbarung zum gegenseitigen automatischen Informationsaustausch im Rahmen des TIEA zu schließen, und zwar vorbehaltlich der im TIEA vorgesehenen Vertraulichkeitsvorschriften und sonstigen Schutzvorkehrungen einschließlich der Bestimmungen, welche die Verwendung der danach ausgetauschten Informationen einschränken,

sind die zuständigen Behörden wie folgt übereingekommen:

§ 1
Begriffsbestimmungen

1. Im Sinne dieser Vereinbarung haben die nachstehenden Ausdrücke folgende Bedeutung:
   a) Der Ausdruck „**[Staat A]**“ bedeutet [...].
   b) der Ausdruck „**[Staat B]**“ bedeutet [...].
   c) der Ausdruck **„zuständige Behörde“** bedeutet im Fall von [Staat A] [...] und im Fall von [Staat B] [...];
   d) der Ausdruck **„Konzern“** bedeutet eine Gruppe von Unternehmen, die durch Eigentum oder Beherrschung verbunden sind, so dass die Gruppe entweder nach den geltenden Rechnungslegungsgrundsätzen zur Aufstellung eines Konzernabschlusses für Rechnungslegungszwecke verpflichtet ist oder dazu verpflichtet wäre, wenn Eigenkapitalbeteiligungen an einem der Unternehmen an einer öffentlichen Wertpapierbörse gehandelt würden;
   e) der Ausdruck **„multinationaler Konzern“** bedeutet einen Konzern, *i)* der zwei oder mehr Unternehmen umfasst, deren steuerliche Ansässigkeit in unterschiedlichen Staaten liegt, oder der ein Unternehmen umfasst, das in einem Staat steuerlich ansässig ist und in einem anderen Staat mit der durch eine Betriebsstätte ausgeübten Geschäftstätigkeit steuerpflichtig ist, und *ii)* der kein freigestellter multinationaler Konzern ist;
   f) der Ausdruck **„freigestellter multinationaler Konzern“** bedeutet einen Konzern, der nicht zur Vorlage eines länderbezogenen Berichts verpflichtet ist, da der Umsatzerlös des Konzerns in dem Wirtschaftsjahr, das dem Berichtswirtschaftsjahr unmittelbar voranging, laut seinem Konzernabschluss für dieses vorangegangene Wirtschaftsjahr unter dem Schwellenwert liegt, der durch das innerstaatliche Recht des Staates festgelegt wurde und dem Bericht von 2015 in der nach der darin vorgesehenen Überprüfung im Jahr 2020 gegebenenfalls geänderten Fassung entspricht;
   g) der Ausdruck **„Konzernunternehmen“** bedeutet *i)* eine eigenständige Geschäftseinheit eines multinationalen Konzerns, die für Rechnungslegungszwecke in den Konzernabschluss einbezogen wird oder darin einbezogen würde, wenn Eigenkapitalbeteiligungen an dieser Geschäftseinheit eines multinationalen Konzerns an einer öffentlichen Wertpapierbörse gehandelt würden, *ii)* eine eigenständige Geschäftseinheit, die nur auf Grund ihrer Größe oder nur aus Wesentlichkeitsgründen nicht in den Konzernabschluss des multinationalen Konzerns einbezogen wird, oder *iii)* eine Betriebsstätte einer unter Ziffer *i)* oder *ii)* fallenden eigenständigen Geschäftseinheit eines multinationalen Konzerns, sofern besagte Geschäftseinheit für Rechnungslegungs-, Aufsichts-, Steuer- oder interne Steuerungszwecke einen Einzelabschluss für diese Betriebsstätte aufstellt;
   h) der Ausdruck **„berichtender Rechtsträger“** bedeutet das Konzernunternehmen, das auf Grund des innerstaatlichen Rechts im Staat seiner steuerlichen Ansässigkeit

den länderbezogenen Bericht im Rahmen seiner Fähigkeit vorlegt, dies im Namen des multinationalen Konzerns zu tun;

i) der Ausdruck **„länderbezogener Bericht“** bedeutet den vom berichtenden Rechtsträger nach dem Recht des Staates seiner steuerlichen Ansässigkeit jährlich vorzulegenden länderbezogenen Bericht mit den nach diesem Recht zu meldenden Informationen zu den Posten und in dem Format, die im Bericht von 2015 in der nach der darin vorgesehenen Überprüfung im Jahr 2020 gegebenenfalls geänderten Fassung dargelegt sind; und

j) der Ausdruck **„Bericht von 2015“** bedeutet den Abschlussbericht mit dem Titel *Verrechnungspreisdokumentation und länderbezogene Berichterstattung* zu Aktionspunkt 13 des OECD/G20-Aktionsplans zur Bekämpfung der Gewinnverkürzung und Gewinnverlagerung;

2. Bei jeder Anwendung dieser Vereinbarung durch eine zuständige Behörde eines Staates wird jeder in dieser Vereinbarung nicht definierte Ausdruck, sofern der Zusammenhang nichts anderes erfordert und die zuständigen Behörden sich nicht (im Rahmen ihres innerstaatlichen Rechts) auf eine gemeinsame Bedeutung einigen, die Bedeutung haben, die ihm zum jeweiligen Zeitpunkt nach dem Recht des diese Vereinbarung anwendenden Staates zukommt, wobei die Bedeutung nach dem in diesem Staat geltenden Steuerrecht Vorrang hat vor einer Bedeutung, die dem Ausdruck nach dem sonstigen Recht dieses Staates zukommt.

§ 2
Austausch von Informationen in Bezug auf multinationale Konzerne

Nach Artikel [5A] des TIEA wird jede zuständige Behörde die von den einzelnen in ihrem Staat steuerlich ansässigen berichtenden Rechtsträgern erhaltenen länderbezogenen Berichte jährlich mit der anderen zuständigen Behörde automatisch austauschen, vorausgesetzt dass laut den im länderbezogenen Bericht enthaltenen Informationen ein oder mehrere Konzernunternehmen des multinationalen Konzerns des berichtenden Rechtsträgers im Staat der anderen zuständigen Behörde steuerlich ansässig oder mit der durch eine Betriebsstätte im Staat der anderen zuständigen Behörde ausgeübten Geschäftstätigkeit steuerpflichtig sind.

§ 3
Zeitplan und Form des Informationsaustauschs

1. Für die Zwecke des Informationsaustauschs nach § 2 wird die Währung der im länderbezogenen Bericht enthaltenen Beträge angegeben werden.

2. Im Hinblick auf § 2 ist ein länderbezogener Bericht erstmalig für Wirtschaftsjahre des multinationalen Konzerns auszutauschen, die an [...] oder danach beginnen. Dieser länderbezogene Bericht ist so bald wie möglich und spätestens 18 Monate nach dem letzten Tag des Wirtschaftsjahrs des berichtenden Rechtsträgers des multinationalen Konzerns, auf das er sich bezieht, auszutauschen. Die länderbezogenen Berichte für die darauf folgenden Wirtschaftsjahre sind so bald wie möglich und spätestens 15 Monate nach dem letzten Tag des Wirtschaftsjahrs des multinationalen Konzerns, auf das sich der betreffende Bericht bezieht, auszutauschen.

3. Die zuständigen Behörden werden die länderbezogenen Berichte über ein gemeinsames XML-Schema automatisch austauschen.

4. Die zuständigen Behörden werden auf ein oder mehrere Datenübertragungsverfahren einschließlich Verschlüsselungsstandards hinwirken und sich auf diese verständigen.

§ 4
Zusammenarbeit bei Einhaltung und Durchsetzung der Vereinbarung

Eine zuständige Behörde wird die andere zuständige Behörde unterrichten, wenn die erstgenannte zuständige Behörde in Bezug auf einen im Staat der anderen zuständigen Behörde steuerlich ansässigen berichtenden Rechtsträger Grund zu der Annahme hat, dass ein Fehler zu einer unrichtigen oder unvollständigen Informationsmeldung geführt haben könnte oder dass ein berichtender Rechtsträger seine Verpflichtung zur Vorlage eines länderbezogenen Berichts nicht einhält. Die unterrichtete zuständige Behörde wird sämtliche nach ihrem innerstaatlichen Recht zur Verfügung stehende geeignete Maßnahmen ergreifen, um gegen die in der Unterrichtung beschriebenen Fehler oder Fälle von Nichteinhaltung vorzugehen.

§ 5
Vertraulichkeit, Datenschutzvorkehrungen und sachgemäße Verwendung

1. Alle ausgetauschten Informationen unterliegen den im TIEA vorgesehenen Vertraulichkeitsvorschriften und sonstigen Schutzvorkehrungen einschließlich der Bestimmungen, welche die Verwendung der ausgetauschten Informationen einschränken.

2. Über die Einschränkungen in Absatz 1 hinaus wird die Verwendung der Informationen außerdem auf die in diesem Absatz beschriebenen zulässigen Verwendungen beschränkt werden. Insbesondere werden die durch den länderbezogenen Bericht erhaltenen Informationen für die Bewertung erheblicher Risiken im Zusammenhang mit Verrechnungspreisen, Gewinnverkürzung und Gewinnverlagerung sowie gegebenenfalls für wirtschaftliche und statistische Analysen verwendet werden. Die Informationen werden nicht als Ersatz für eine eingehende Verrechnungspreisanalyse einzelner Geschäftsvorfälle und Preise auf der Grundlage einer umfassenden Funktionsanalyse und einer umfassenden Vergleichbarkeitsanalyse verwendet werden. Es wird anerkannt, dass die Informationen im länderbezogenen Bericht für sich genommen keinen eindeutigen Nachweis für die Angemessenheit oder Nichtangemessenheit von Verrechnungspreisen darstellen und folglich Verrechnungspreiskorrekturen nicht auf dem länderbezogenen Bericht beruhen werden. Gegen diesen Absatz verstoßende unangemessene Korrekturen örtlicher Steuerverwaltungen werden in Verfahren der zuständigen Behörden zurückgenommen werden. Ungeachtet der vorstehenden Bestimmungen ist es nicht untersagt, die Daten des länderbezogenen Berichts im Rahmen einer Steuerprüfung als Grundlage für weitere Untersuchungen der Verrechnungspreisvereinbarungen des multinationalen Unternehmens oder anderer Steuerangelegenheiten zu verwenden, und infolgedessen kann das zu versteuernde Einkommen eines Konzernunternehmens entsprechend berichtigt werden.

3. Soweit dies nach geltendem Recht zulässig ist, wird jede zuständige Behörde die andere zuständige Behörde unverzüglich über alle Fälle der Nichteinhaltung der Absätze 1 und 2 einschließlich aller Gegenmaßnahmen sowie über alle in Bezug auf die Nichteinhaltung der oben genannten Absätze ergriffenen Maßnahmen unterrichten.

§ 6
Konsultationen

1. Falls eine Berichtigung des zu versteuernden Einkommens eines Konzernunternehmens als Folge weiterer Untersuchungen auf Grundlage der Daten im länderbezogenen Bericht zu unerwünschten wirtschaftlichen Ergebnissen führt, auch wenn solche Fälle bei einem einzelnen Unternehmen auftreten, konsultieren die beiden zuständigen Behörden einander und beraten sich mit dem Ziel, den Fall zu regeln.

2. Treten bei der Durchführung oder Auslegung dieser Vereinbarung Schwierigkeiten auf, so kann jede zuständige Behörde um Konsultationen mit der anderen zuständigen Behörde zur Ausarbeitung geeigneter Maßnahmen ersuchen, durch welche die Einhaltung der Vereinbarung sichergestellt wird. Insbesondere konsultiert eine zuständige Behörde die andere zuständige Behörde, bevor die erstgenannte zuständige Behörde feststellt, dass ein systemisches Scheitern des Austauschs länderbezogener Berichte mit der anderen Behörde vorliegt.

§ 7
Änderungen

Diese Vereinbarung kann mittels Konsens durch schriftliche Übereinkunft der zuständigen Behörden geändert werden. Sofern nichts anderes vereinbart wurde, wird diese Änderung am ersten Tag des Monats wirksam, der auf einen Zeitabschnitt von einem Monat nach der letzten Unterzeichnung dieser schriftlichen Übereinkunft folgt.

§ 8
Geltungsdauer der Vereinbarung

1. Diese Vereinbarung wird [am .../an dem Tag, an dem auch die zweite zuständige Behörde notifiziert, dass ihr Staat über die zur Verpflichtung der berichtenden Rechtsträger zur Vorlage eines länderbezogenen Berichts erforderlichen Rechtsvorschriften verfügt,] in Kraft treten.

2. Eine zuständige Behörde kann den Informationsaustausch nach dieser Vereinbarung vorübergehend aussetzen, indem sie der anderen zuständigen Behörde schriftlich ihre Feststellung mitteilt, dass die andere zuständige Behörde diese Vereinbarung in erheblichem Umfang nicht einhält oder eingehalten hat. Bevor sie eine solche Feststellung trifft, konsultiert die erstgenannte zuständige Behörde die andere zuständige Behörde. Im Sinne dieses Absatzes bedeutet erhebliche Nichteinhaltung die Nichteinhaltung des § 5 Absätze 1 und 2 sowie des § 6 Absatz 1 dieser Vereinbarung und der Bestimmungen des TIEA, auf die darin verwiesen wird, sowie die nicht fristgerechte oder angemessene Bereitstellung von Informationen nach dieser Vereinbarung durch die zuständige Behörde. Eine Aussetzung wird unmittelbar wirksam sein und bestehen bleiben, bis die zweitgenannte zuständige Behörde in einer für beide zuständigen Behörden annehmbaren Weise nachweist, dass keine erhebliche Nichteinhaltung vorliegt oder dass die zweitgenannte zuständige Behörde geeignete Maßnahmen ergriffen hat, um gegen die erhebliche Nichteinhaltung vorzugehen.

3. Jede zuständige Behörde kann diese Vereinbarung gegenüber der anderen zuständigen Behörde schriftlich kündigen. Die Kündigung wird am ersten Tag des Monats wirksam werden, der auf einen Zeitabschnitt von 12 Monaten nach der Kündigung folgt. Im Fall einer Kündigung werden alle bis zu diesem Zeitpunkt nach dieser Vereinbarung erhaltenen Informationen weiterhin vertraulich behandelt werden und den Bestimmungen des TIEA unterliegen.

Unterzeichnet in [...] am [...] in zwei Urschriften.

Zuständige Behörde für [Staat A]	Zuständige Behörde für [Staat B]

Literaturverzeichnis

OECD (2014a), *Aktionsplan zur Bekämpfung der Gewinnverkürzung und Gewinnverlagerung*, OECD Publishing, Paris, *http://dx.doi.org/10.1787/9789264209688-de*.

OECD (2014b), *Standard für den automatischen Informationsaustausch über Finanzkonten – Gemeinsamer Meldestandard*, OECD Publishing, Paris, *http://www.oecd.org/ctp/exchange-of-tax-information/standard-fur-den-automatischen-informationsaustausch-von-finanzkonten.pdf*.

OECD (2012), *Keeping it Safe: The OECD Guide on the protection of confidentiality of information exchanged for tax purposes*, OECD Publishing, Paris, *http://www.oecd.org/ctp/exchange-of-tax-information/keeping-it-safe-report.pdf*.

OECD (2011), *OECD-Verrechnungspreisleitlinien für multinationale Unternehmen und Steuerverwaltungen 2010*, OECD Publishing, Paris, *http://dx.doi.org/10.1787/9789264125483-de*.

ORGANISATION FÜR WIRTSCHAFTLICHE ZUSAMMENARBEIT UND ENTWICKLUNG

Die OECD ist ein einzigartiges Forum, in dem Regierungen gemeinsam an der Bewältigung von wirtschaftlichen, sozialen und umweltbezogenen Herausforderungen der Globalisierung arbeiten. Die OECD steht auch ganz vorne bei den Bemühungen um ein besseres Verständnis neuer Entwicklungen und unterstützt Regierungen, Antworten auf diese Entwicklungen und die Anliegen der Regierungen zu finden, beispielsweise in den Bereichen Corporate Governance, Informationswirtschaft oder Bevölkerungsalterung. Die Organisation bietet den Regierungen einen Rahmen, der es ihnen ermöglicht, ihre Erfahrungen mit Politiken auszutauschen, nach Lösungsansätzen für gemeinsame Probleme zu suchen, gute Praktiken aufzuzeigen und auf eine Koordinierung nationaler und internationaler Politiken hinzuarbeiten.

Die OECD-Mitgliedsländer sind: Australien, Belgien, Chile, Dänemark, Deutschland, Estland, Finnland, Frankreich, Griechenland, Irland, Island, Israel, Italien, Japan, Kanada, Korea, Luxemburg, Mexiko, Neuseeland, die Niederlande, Norwegen, Österreich, Polen, Portugal, Schweden, Schweiz, die Slowakische Republik, Slowenien, Spanien, die Tschechische Republik, Türkei, Ungarn, das Vereinigte Königreich und die Vereinigten Staaten. Die Europäische Union beteiligt sich an der Arbeit der OECD.

OECD Publishing sorgt für eine weite Verbreitung der Ergebnisse der statistischen Datenerfassungen und Untersuchungen der Organisation zu wirtschaftlichen, sozialen und umweltpolitischen Themen sowie der von den Mitgliedstaaten vereinbarten Übereinkommen, Leitlinien und Standards.

OECD PUBLISHING, 2, rue André-Pascal, 75775 PARIS CEDEX 16
(23 2015 38 5 P) ISBN 978-92-64-26083-2 – 2016

www.ingramcontent.com/pod-product-compliance
Lightning Source LLC
LaVergne TN
LVHW081421110826
845149LV00010B/1825

* 9 7 8 9 2 6 4 2 6 0 8 3 2 *